JN050175

猫組長の投資顧問グループが明かす

2025年まで爆騰
日本&アメリカ
推奨銘柄30

投資家・評論家
猫組長
（菅原潮）

NEKO ADVISORIES 首席分析官
中沢隆太

徳間書店

はじめに

２０２２年10月、猫組長氏との共著で、自身初となる『２０２４年まで勝てる株式投資術』を刊行した。今回で2冊目の出版となったが、これも読者の方々をはじめとして、多くの関係者のご尽力があってのこと。

改めてこの場を借りて御礼を申し上げたい。

前著出版時の２０２２年10月は、コロナ禍における大規模金融緩和によるコロナバブルが終焉を迎え、本来の価値へどんどん擦り寄っていくタイミングであった。そのようなマクロ環境下で、私は以下の２つの視点を示す。

1点目は、利上げが長期化するということである。当時のマーケットは長らく続いた金融相場に慣れきった印象で、近い将来利下げするだろうという楽観論が蔓延していた。しかし、利上げは異次元のインフレ抑制を目的としているのだから、インフレが沈静化しない段階で、インフレをさらに加速させる利下げなど選択するはずがない。むしろ正確にいうのなら選択できないというのが正解だったであろうか。

経済学の観点からすれば当たり前のことであるのだが、マーケットはいつも間違いを犯す。FRBが持続的な利上げをアナウンスする一方で、マーケットは利下げを期待し、それを折り込んで上昇した。その期待値が高ければ高いほど梯子を外された時の下落は大きい。

引き続き、FRBとマーケットのミスマッチには注視するべきだろう。

2点目は、当時の約10カ月間下落トレンドが続いた環境下での「投資」の在り方だ。そのような地合いでも「堅実」な投資先であるならば、「最高の買い場」である。結果、2022年10月を底値に大きく上昇し、前著の推奨銘柄の多くが確実なリターンを生んだ。

伝えたいのは「堅実な」投資先へ「適切な」投資をすることの重要性である。

テクノロジーの進化により、好きな情報を誰しもスマートフォン1つで得られるようになった。これは素晴らしい技術革新であることは揺るがぬ事実。しかし莫大な量の情報が錯綜するが故に、現在は情報の正誤を正確に選別する力が求められているのではないか。

昨今、SNSで有名インフルエンサーが発信した銘柄に飛び付き、数週間で大きな値動きをする銘柄が相次いでいる。その後どうなっているかは言うまでもない。

数日で2倍となっているチャートを見ると、隣の芝生が青く見え、ついつい乗りたくなってしまうのが人間心理だ。しかし、投資の世界はそんなに甘くはない。私は「優良株への長期投資」に勝る手法はないと考えている。この方法は、一見、面白みのない投資に映ってしまいがちであるが、投資に面白みなど必要ない。

改めて、私のモットーである「投機ではなく投資を」、「堅実な投資先に適切な投資を」この2点を叶えることができる銘柄を30銘柄厳選した。チャートはすべてGoogleFinanceを引用している。

どれもが期待できる銘柄だと自負しているが、皆様の投資方針や資金量によって選択は変わることだろう。ご自身の投資スタイルに合わせて、銘柄を選定いただきたい。

2023年9月

NEKO ADVISORIES 首席分析官

中沢隆太

銘柄	10月31日終値	期中最高値	最大上昇率(%)	騰落率(%)
セイヒョー	2973.3	4685	1.576	57.57
アシロ	779	980	1.258	25.80
アスカネット	973	1059	1.088	8.84
エフオン	622	699	1.124	12.38
クロス・マーケティングG	850	904	1.064	6.35
トーセ	767	844	1.100	10.04
トレードワークス	1298	期中高値なし		
ビリングシステム	1064	1960	1.842	84.21
ファインデックス	595	715	1.202	20.17
フィックスターズ	1091	1690	1.549	54.90
新日本電工	350	459	1.311	31.14
明星工業	720	1009	1.401	40.14
アステリア	782	890	1.138	13.81
フィードフォース	359	1131	3.150	215.04
ポート	1098	2930	2.668	166.85
安永	701	1329	1.896	89.59
遠藤製作所	750	840	1.120	12.00
アイデックス	371.79	552.78	1.487	48.68
アドビシステムズ	285.75	569.98	1.995	99.47
インテュイティヴ・サージカル	239.53	358.07	1.495	49.49
ヴァージン・ギャラクティック	4.92	6.61	1.343	34.35
エヌビディア	141.58	502.66	3.550	255.04
コグニザント・テクノロジー	52.63	72.71	1.382	38.15
コストコ	486.41	563.32	1.158	15.81
チャールズ・シュワブ	79.05	86.63	1.096	9.59
マクドナルド	274.62	299.35	1.090	9.01
ユニティ・テクノロジーズ	25.26	50.05	1.981	98.14
ライムライト・ネットワークス	2.29	期中高値なし		
プロテクト & ギャンブル	134.44	158.38	1.178	17.81
マイクロソフト	221.39	366.78	1.657	65.67
アマゾンドットコム	90.98	143.63	1.579	57.87
アドバンスト・マイクロデバイセス	62.19	132.83	2.136	113.59
ネットフリックス	260.79	485	1.860	85.97
アップル	138.38	198.23	1.433	43.25
セールスフォースドットコム	139.77	232.2	1.661	66.13
レイセオンテクノロジー	95.22	108.84	1.143	14.30
ノースロップ・グラマン	522.77	556.27	1.064	6.41
三菱重工業	5369	8425	1.569	56.92
川崎重工業	2608	3942	1.512	51.15
細谷火工	1331	2043	1.535	53.49
HDFC 銀行	63.11	71.76	1.137	13.71
インフォシス	18.33	20.57	1.122	12.22
サイファイテクノロジー	1.58	3.37	2.133	113.29

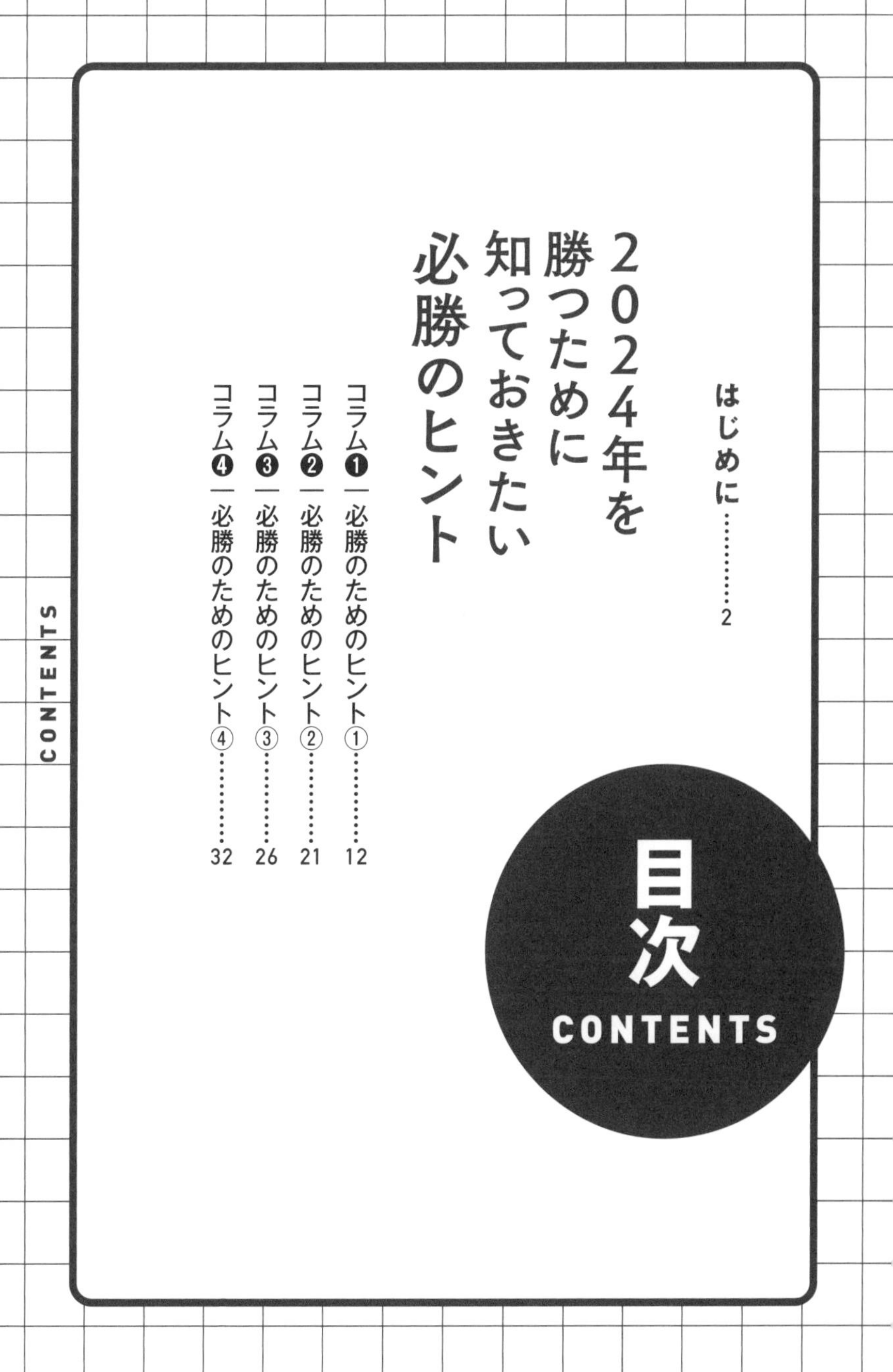

目次 CONTENTS

2024年に儲かる日本株

S&P500神話に陰りが…米国株

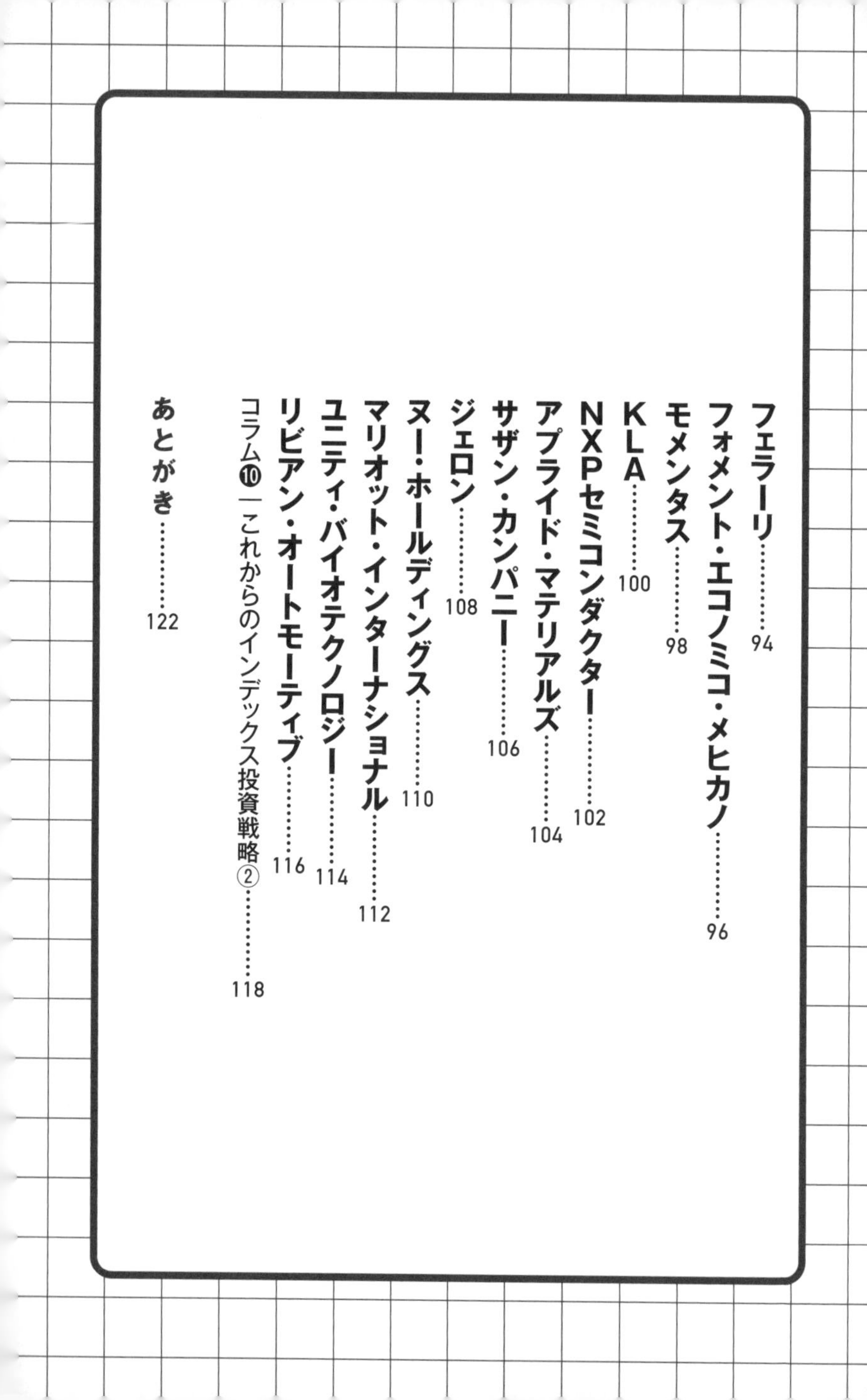

2024年を勝つために知っておきたい

必勝のためのヒント

アメリカの利上げによって相場環境は大きく変化した。
重要なのは「今」を知ること。
日本とアメリカの金利動向、
「債権」など儲けるための知識を紹介する

需給と業績

前著では掲載した銘柄のパフォーマンスについて多くの好評をいただいた。一方で、いい銘柄を教えてもらっても、どこで売買するべきなのか、そのタイミングや考え方がわからないとのお声を多く頂戴した。

ここで全てをお伝えすることは不可能であるが、そのお声に少しでも応えたい。個別株投資を行っているが、なかなかうまくいっていないという方こそ知るべきスキルだ。

株価の変動要因は「需給と業績」で、この2点以外にはない。

この極めて単純な大減速をどれほど多くの人が意識しているだろうか。意外と認知されていないように感じる。

私は日興証券時代、そしてIFA、投資助言業というキャリアを通じて延べ1000人以上のお客様を担当した。そこで感じたことは、多くの投資家が業績よりも「需給」に翻弄されているということである。実際に、

「好決算なのに株価が下がってしまう、または悪い決算だと思い、売却したらそのタイミングが底で一転上昇してしまった」

「業績もよく、優良企業だと思っているが、何故か株価上昇しない」

といった経験をされた方や、そこに悩まれている方が多いのではないだろうか。これには、需給という要素が強く関係している。

以下、銘柄を選定し、売却するまでのプロセスを再確認していき、需給についての考え方をお伝えしていきたい。

①大局観

まずはマクロ経済環境及び、金融政策を理解することだ。

投資歴の長い方はもちろんのこと、投資初心者であっても現在は金融緩和なのか金融引き締めなのかは理解しているだろう。しかし、その大局観により、同じ銘柄であっても売買のタイミングやパフォーマンスが大きく変化するということを頭に入れておかなければならない。

例えば金融緩和時（＝金融相場）は業績のよい銘柄よりも、赤字であるが期待先行銘柄の方が、ボラティリティが高く、リターンを極大化しやすい。一方で好業績銘柄は堅実で決して悪い選択肢ではないが、前者に比べパフォーマンスが劣ってしまうため、金融相場下では第2の選択肢として考えるべきだ。

このような低金利下では、債券で金利が得られないことから、債券→株式へのシフトが行われるため、株式市場は業績相場の時よりもマネーが溢れかえる。もともと流動性の高い大型株に加え、中小型株まで高い流動性を纏うことで、グロース株が上昇するという仕組みだ。米QE（＝量的緩和）や日本の黒田バズーカは金利を低下させるだけでなく、マネーを大量に刷って市場に資金を供給する。これが過剰流動性のカラクリなのだが、これによりさらに大きな流動性を生み出し、グロース株を中心に異次元の株価上昇パフォーマンスを創出するのだ。

一方で引き締め時（＝業績相場）のグロース株は、業績の通りのバリュエーションにすり寄っていく。2021年、高インフレに対する金利上昇局面では、金融相場で急騰した銘柄は一気に水準訂正を強いられた。

金融相場でつけた株価水準が正しいのではなく、業績相場でつける株価が本来の評価というべきであろうか。

このような局面では、グロース株のポジションを整理し、バリュー株投資が好まれる。

金利が高ければ、株式投資をしてまでリスクを取ってリターンを確保する必要のないマネーは債券市場に逃避するからだ。当然、引き締め時の流動性は低く、株式市場は冷え込む。その結果として、グロース株に投資するまでの余剰マネーが市場にはないため、グロース株は停滞し、業績の裏付けのあるバリュー株が買われやすい。

つまり、「赤字でも将来期待できそうだから」という理由で、簡単にグロース株に投資してはいけないのだ。

直近1年間、運用成績が芳しくない方はこの部分にはまっているケースがほとんどだ。グロース株が緩和時につけた高値からの値頃感や、緩和マーケットの経験則から、当時成功した手法をマクロ環境が変化した際にも用いてしまってはいなかったであろうか。

「個別株を見る前に大局観を」

投資家ではなく、大局観がバリュー株かグロース株かを選別するのである。

②個別銘柄の需給環境

次に投資対象の銘柄がどのような需給環境にあるかを検証したい。

好決算なのに株価が下がってしまう、逆も然りで悪い決算でも株価が上昇する——こんな不思議な現象が株式市場で成立してしまうのは需給要因に他ならない。この現象は「理不尽な事態」ではなく、「正しく起こりうる事態」であることを認識するべきだ。

株価の上下は、

売り手＜買い手→上昇

売り手＞買い手→下落

が原則である。特に日本人は性格上、逆張り志向が強い。強く上昇中の銘柄を買うことは躊躇しやすい一方で、大きく下落している銘柄はその値頃感で買うことが多い。

その結果として需給の罠に陥ってしまう。

ここで読者の皆さんが保有している株式を売るタイミングについて考えてみてほしい。

株式売却理由は主に、A利益確定、B戻り売り、C損切り、D信用期日返済の4つがある。

上昇局面ではA、B、Dが該当し、下落局面ではC、Dが該当する。

上昇局面の場合、高値更新中であればCは存在せず、Dにおいては含み益のまま期日が到来することはまずない。つまり上昇局面かつ、高値更新中の場合は「売り手＜買い手」になり、需給面から上昇しやすい環境が生み出される。

一方で下落局面の場合、もし底値で買うことができても、利益確定の売り手もいれば、一定の水準で戻り売りをする人、信用の期日を迎える売り手も存在する。下落が生み出す値頃感でつい手を出しがちであるが、その下落が次回上昇時のシコリを生み出してしまっているのである。先程の高値を更新して上昇する銘柄に比べて、待ち受けている売りが多いことがアップサイド（上昇余地）を縮小させる。これは多くの個人投資家が見落としている需給の落とし穴の1つだ。

また、先述の順張りに比べて、逆張りはイメージしたリターンを得るまで時間がかかることが多い。逆張りをする場合は、その銘柄のアップサイドを想定し、その手前で売るのがベターだろう。加えて、逆張りの際は上昇した時のアップサイドよりも下落した時のダウンサイド（下落余地）の方を考慮せねばならない。自分が底値だと思って買った銘柄が、さらに下がり続けた場合、次はどこまで下がるのかを想定し、損切りラインを決めておかなければ、その資金は凍結してしまうからだ。

そして、アップサイドを想定する場合、過去の高値を意識しがちだ。だが「過去の高値想定」は時間がかかってもいいと考える投資家以外やってはならない。チャートを見る際に価格別売買高を見て、出来高の多い価格帯でいったん跳ね返されるものと考えるべきだろう。

前述した、今まで微動だにしなかった売り手である凍結した資金、いわゆる塩漬け株というものが突如として強大な売り圧力に変貌し、反転上昇過程に立ちはだかるからだ。

では高値を更新している銘柄であれば何でもいいのかと言えば、そうでもない。ここで〝業績〟が重要視される。

金融相場で赤字の企業が高値更新し、その後も上昇するパターンもないわけではないが、基本的には例外だ。一気に高値更新したパターンとして、一つの材料で急騰する銘柄などは急騰後、浮動株の全てが売りに転じると考えるべきだろう。

IPO、コーポレートアクション時（ファイナンス、分割等）、IR・決算リリース時など、ケーススタディを挙げればキリがないのだが、株価の需給はそれだけ複雑に絡み合うため、その多くのケースを想定してトレードすべきだ。株式市場に参加している投資家は、あなただけではない。むしろ自分自身以外の全ての投資家が抱えるポジションを想定してこそ、初めて適切な投資となる。

最後になるが、私が多くの個人投資家と近い距離感で接してきた中で、トレードという観点から投資がうまくいっていない人の特徴がいくつかある。

1つ目は株価を数字だけで見てトレードしてしまっていること

2つ目は自分自身のポジション・買い単価が売却を判断する際の主要因になっていること

である。

1つ目については前述したように、株価は数字で見てはいけない。例えば、気になっていた銘柄で8000円の株価だった企業が、2000円になると数字面で買いたくなってしまう。すでに解説したが、個人投資家によくあるこの投資行動には需給という要素が抜けてしまっている。

2点目については、例えば上昇すると思い、5000円で買った企業が4000円になったとする。こうなると5000円に戻ったら売却しようとの心理が働く。しかし、その希望に反して3000円まで下落するとその損失額から売却はできず、いつか戻るだろうとの希望的観測から塩漬け銘柄になってしまう。

こうした「塩漬けパターン」は多くの個人投資家が経験済みだろう。

しかし、ここで重要なのは感情ではなく客観的に自身のポジションを捉えることである。売却のタイミングは100万円利益が出たからでもなければ、損失が回復したからでもない。たとえ、100万円の利益が出ていたとしてもまだ上昇すると思うのであれば、ホールドすべきで、100万円の損失が出てようと、当初、買う際に上昇すると判断した理由が消滅していない、そしてその判断が間違っていないと思うのであれば保有すべきなのである。

逆に言えば、損失が1000万円であろうと1万円であろうと、売りと判断すれば売却すべきなのだ。

自身以外の全ての売り手、買い手それぞれが、現在どのようなポジションが多く、どのような感情を持っているのか、これが需給に大きな影響を及ぼす。そのセンチメントを考え、需給動向を想定して市場に参加していただければパフォーマンスは格段に良化するであろう。

少しでも皆様のトレードの一助になれれば幸いである。

債券投資の時代到来

2022年3月、コロナ相場の終焉を表すように、アメリカの中央銀行に当たるFRSが利上げを開始した。投資家の多くが経験したように、そこからの約半年間は地獄のようなマーケットであった。

どんな有望株であっても市場全体のパワーには一切太刀打ちできず、値を切り下げ続けたのである。

利上げは2%程度で終わり、2022年内には利下げするとの見解を示す証券会社やアナリストすら存在したのだ。利上げから約1年半もの間、パウエル氏率いるFRB（連邦準備制度理事会）の見解を無視して、見通しを誤り続けたのである。

このように、この利上げ開始から2023年9月現在に至るまで多くの市場参加者はインフレを軽視し、利上げの早期終焉、利下げを期待し続けているのが現実だ。

改めて「投資」においては「自称・識者」や「メディア称・専門家」の意見を鵜呑みにせず、

マクロ経済環境を俯瞰しながら冷静に将来を見通す力が必要不可欠であることを教えてくれたと言えるだろう。

しかし2023年末に向けて利上げが終焉が現実味を怯えてきた。ここからは中長期視点で債券投資に「うまみ」が出てくる。株式投資がテーマだが魅力的な地合いということで、この章では債券投資についてまとめていきたい。

先述したように、2023年9月のFOMC（連邦公開市場委員会）で最終利上げが決定することが確実視されている。パウエル氏は金融政策についてインフレと経済統計次第と発信し続けているため、万が一、追加利上げがあったとしてもわずかな利上げ幅だ。

つまり利上げ開始から1年半を経て、ようやく金利はターミナルレート（政策金利の最高到達点）に到達したというわけだ。今後は、インフレが収まるか、不景気に陥るまでは金利は高止まりするだろう。そしていずれ利下げが訪れる。

このマクロ環境は債券投資に極めて適合しているのだ。

2023年8月2日現在、米国10年債利回りは4・033%である。この意味がわからない人は多い。

アメリカという世界一の経済大国が10年で潰れるというリスクに対して、4%の利回りを手にすることができるということだ。そんなことが現実的に起こるはずがない。確かに時価総額トップ50の企業の債券では5〜6％の利回りを持つものもある。こうした企業債は低リスクとはいえ「アメリカが潰れる」より低いリスクとはなりえない。

つまり、これは高金利時代ならではの素晴らしい投資先とみることができる。株式ほどのリスクを負わずに、インデックス同様の利回りを確保できる。間違いなく魅力的な投資先と言えるだろう。

加えて、将来的な利下げがさらに利回りを向上させる。金利と債券は反比例の関係にあり、金利が上昇すれば、債券単価は下がり、金利が下落すれば債券単価は上がる。

先述したように現在の政策金利はターミナルレートに限りなく近づいた。ここからさらなる利上げがあったとしてもごくわずかな水準であろう。それに対して、将来の景気が傾いた際には4％の利下げのバッファーが生まれた。このバッファー分が利回り向上の立役者となる。

2023年9月は米国債が「安く購入できて、高く売ることが確実」な場面ということだ。まとまった運用資金の投資先を検討されている方には1番にお勧めしたい。株式は出来高や売買代金により、どうしても買える金額が決められていることや、上下のボラティリティが大きいことで1つの銘柄に集中投資することは難しい。しかし、債券ならどれだけの金額で買おうと条件は同じだ。

また、退職金を資金源としている方にとっても有効な投資先だ。退職後、いきなり株式投資を始めてうまくいくほど、株式市場は甘くない。であれば当初から決められた利率で運用され、金利下落時の恩恵を受けられる債券は、いい意味でほったらかしにできる素晴らしい投資先になる。

一方で、若年層の積み立て投資におけるポートフォリオにはお勧めはしない。この理由は積み立て投資のコラムにて詳しくまとめているのでそちらをご確認いただきたい。

最後に、米国債券を保有する上で切っても切れない「為替」について触れよう。

ドル建てで保有することになるため、円安ドル高になれば恩恵を受けるが、円高ドル安となれば利回りを押し下げてしまう。

「さすがに１４０円台からドルを買えない」

との声も聞こえてくるが、為替については運用資産だけでなく、普通預金を含めた全体資産で考えるべきであろう。債券投資をすることは、債券に対するリターンを求めて行っているのであってＦＸをやっているわけではない。極論を言えば、ドル高の恩恵を受けなくてもいいからドル安による損失を受けたくないというわけである。

先程、運用資産ではなく、金融資産全体で見るべきであるという話をした。昨今、円安が生活を苦しめていると、円安を悪とするような論調を多く目にする。しかし同等のドルを持っていれば円の下落に対して、保有するドルが上昇しており、ドルの下落については円の上昇が相殺してくれる。これで為替について全く気にする必要がなくなる。つまり、債券投資をする上で為替が気になる人は、円資産と同様金額の債券を保有すればいいのである。

投資先は年齢・投資方針・金融資産・ゴールへの年数など、人それぞれであり、正解は存在しない。だがご自身の方針に適合する場合には、ぜひ債券をポートフォリオに入れておくといいだろう。

日本の現在地　金利動向・低PBRを踏まえた注目セクター

2023年7月28日、日本の株式市場は突然のサプライズにより、日経平均は一時800円超も下落した。その理由は日銀金融政策決定会合にて、YCC（イールドカーブコントロール）の修正が発表されたからである。

このYCC修正は本来2023年9月と見られていたため、市場が一時混乱したのが下落の原因である。これは向こう数年を左右するメイントピック誕生だ。そこで改めて日銀の金利を含めたマクロ動向を予測しながら、注目セクターについて触れていきたい。

まずは簡単に日本のマクロ環境の変遷を振り返る。

1980年代から90年代初頭にかけてのバブル相場が崩壊して以降、デフレが続く「失われた30年」が続いた。しかし2014年、当時の総理、安倍晋三氏が行った「アベノミクス」政策が日本経済の転換点となる。

一部のメディアや経済評論家は、「アベノミクスで景気が上向いた実感がない」「儲かっているのは大企業だけだ」と政策を批評しているが、ここには大きな間違いがある。アベノミクス政策があったから、なんとか景気が保たれていたのであって、それがなければもっと悲惨な10年を過ごしていたということだ。

それだけ失われた30年を取り戻すことは大変なことだったということでもあるが…。

個人的な観測では海外に拠点を移した多くの企業の国内回帰がアベノミクス最後のピースだったはずだ。そこまで至らなかったのが残念ではあるが、現在の経済環境への安倍政権の功績は計り知れないほどに大きい。

特に「儲かっているのは大企業だけだ」との批評に対しては、経済の循環は大企業が潤ってから、国民に波及していくという視点が欠けている。２０２３年の春闘では大手企業の賃上げ率は３・91％と30年ぶりの高水準を記録した。

世界的な高インフレの影響で、実感しにくい環境であるのは間違いないが、足元では静かに景気の復調が垣間見え始めているのが今日の日本ではないだろうか。

今後の日本経済、ひいては日本株式市場動向を占う上で、最重要なのが日銀の金融政策である。

前述した２０２３年7月28日の日銀金融政策決定会合では長期金利の上限は０・５％程度を

めどに一定の上昇を容認しながらも、10年物国債の指値オペを10％に引き上げた。誤解している人が多いが、これは金融緩和終焉を意味しているのではない。

日銀の植田和男総裁も物価2％目標の「持続的かつ安定的な実現」までは金融緩和を継続すると明言している。しかし、諸外国の経済環境や、国内のインフレ状況を鑑みて、金利上限は少しずつ上振れしていく可能性が高い。ＹＣＣの修正とは、金融緩和は継続するが緩やかな金利上昇が伴うマーケットが到来するということだ。

このマクロ環境の変化は、当然のことながらセクターの循環・変化をもたらす。では、どのセクターに注目すべきか。個別銘柄についても触れながら考察していきたい。

①銀行・証券セクター

王道だが外すことのできない大本命セクター

王道でつまらないと思われるかもしれないが、銀行セクターを絶対に外すことはできない。ただ、相場の世界で一般的に言われるような、「金利上昇＝銀行が儲かる」が理由ではない。むしろ、私は金利が上昇しても、市場が期待する以上に銀行の業績が上向かないと考えている。

それでも銀行セクターを推奨する理由は、諸外国に比べて金利の上昇幅はごくわずかであっても、そのマクロ環境の変化が、堅実な財務企業への資金シフトを促すと見ているからである。長らく続いている大規模な金融緩和はこの成熟期にある堅実な企業ではなく、成長期待の高いハイテク企業や新興企業など、高いボラティリティを誇る企業への投資を強く促した。

その結果、銀行をはじめとして大型株の多くは、業績の裏付けではなく、値動きの乏しさから長らく敬遠されていたのである。しかし、そのトレンドは2023年から少しずつ変わりつつある。

代表的な銀行株である三菱UFJを例にとれば、2008年7月以来初となる1000円の壁を突破した。株式には越えるか否かで行く末を大きく左右する重要な分岐点が存在するが、1000円の突破こそがその分岐点であったと考える。

加えて、銀行セクターに追い風なのが低PBRの是正だ。

2023年1月に東証より、PBR1倍割れ企業の是正が発表された。「NEKO ADVISORIES」や「猫組長TIMES」ではそのニュースを受けて、鉄鋼・地方銀行・証券・テレビ局を推奨銘柄にあげている。いずれも大きく上昇したが、正直なところ、当時は「低PBRの是正」という材料だけで十分だった。しかし、ここからは企業側が本当に改善する姿勢があるのかが問われるフェーズである。

東証が主導する限り、銀行や証券会社はどのセクターよりも真摯に向き合わざるを得ない。そしてそのノウハウを保持していることも、他の企業より強みである。先述した、マクロ環境を受けてのセクターローテーションと低PBRという複合的な要因が株価を押し上げる。銘柄は下心を出さずに、メガバンクでいいだろう。長期視点のポートフォリオには入れておきたいセクターだ。

②鉄鋼セクター

業績の裏付けを伴う形での低PBR是正、高い配当利回り。キャピタルとインカムを享受できる魅力的なセクター

インフレには鉄鋼と言われるため、王道的なセクターではある。

「猫組長TIMES」でも「鉄の時代が到来」と題して日本製鉄を2000円台前半より推奨した。その予測通り大きく上昇した現在の水準からでも自信を持って鉄鋼セクターを取り上げたい。

一般的に、金利上昇には「良い金利上昇」と「悪い金利上昇」が存在する。前者は景気拡大や旺盛な需要増の状況下におけるものであり、後者は資源など、コスト増からくるインフレに対処するための金利上昇である。

鉄鋼は好景気下における良いインフレにおいて上昇するセクターと言われているが、昨今の世界的な金利上昇は明らかに「悪いインフレ」によるものである。一見すると現在のマクロ環境は上昇が期待できないように見えるが、個々企業の業績・ファンダメンタルを見ていくとその見え方が変わってくる。

まずは、中国を中心に世界的な鉄需要が冷え切っているにも関わらず、経営陣による構造改革で最高益や好決算を叩き出している点だ。業績の裏付けが伴いながらも、鉄鋼セクターはいずれもPBR1倍割れである。しかし、大型株となるとその時価総額の大きさからすぐには上昇しない。だが逆に言えば時間がかかるだけで本来の価値には必ず擦り寄っていくのが株式だ。中長期的な業績の伴う低PBRは長期投資にもってこいである。

四半期ごとに業績の進捗だけを確認しながら、見通しに変更がない限り、PBR1倍回復まで高い配当利回りを享受しながら保有しておけばいいだろう。

米国市場の現在地

ここ数年、米国株への投資人口がかなり増加した。

米国株投資がこれだけ普及した理由は明らかで、過去のチャート等を日本株と比較した際、平均リターンに圧倒的な差があったからだ。そのムーブをSNS、インターネットの普及が一段と強くプッシュした。

長期投資先という観点であるならば、米国株は外すことのできない選択肢であることは揺るがぬ事実だ。継続的な長期積み立て投資であるならば、いつからでも買って良いだろう。

多くの投資家が過去のチャートを見て将来の上昇を信じて疑わないのが米国株であるが、目先においては大きな落とし穴があるのではと考える。

「S&P500に投資をしておけば過去のリターン通り、年平均8％程度の利益が取れる」という言葉はもはや「常識」とされるようになってしまっているが、過去のチャートはあくまで過去のもの。未来を示すものではない。

中長期的なマクロ環境が将来を決定していくことを忘れてはならない。

しかもそのマクロ環境は、過去40年と現在で大きく異なる。このことは大きな問題点である。

これまでのリターンの要因は大きく2つある。強い米国経済に起因した業績という「当然の要因」、もう一つが「金融相場の側面」である。特にこの40年は「金融相場の側面」が非常に強い時間帯でもあった。

ここでは改めて金利を軸に金融相場を振り返りたい。

2023年現在、世界は実に約50年ぶりに高インフレ・高金利・時代を迎えている。しかし1970年代当時は、オイルショックによってコストプッシュインフレが発生し、米政策金利は1981年9月に月末ベースのピークである15・84%に到達した。

これは当時のFRB議長、ポール・ボルカー氏の名前をとって「ボルカー・ショック」と呼ばれる劇薬だった。このボルカー・ショックの約16%から40年間で金利は0%へ到達した。

コロナ禍によるFRBの利上げは「40年の転換」ということだ。

万人の知るところであるが、基本的に株式と金利は反比例する。

米国の代表的な指数であるダウ平均は1973年のオイルショックからおよそ10年余り、厳しい利上げにより、軟調な推移を余儀なくされた。昨今、米国株投資を始めた方々にとっては、約10年間停滞する米国株を想像できないだろう。それだけ金利の動向は株式に強い影響を及ぼすのだ。

しかし、この株式投資にとっては痛みの原因である強烈な利上げこそが、金利下落余地をもたらし、将来の上昇の強い燃料になっていたのである。

前述したように私は、2022年3月から始まった現在の利上げは2023年9月のFOMCで終焉を迎えると予測している。一方で投資家は希望的観測から利下げを「予測」した。しかしインフレ率が高い現在においては「利下げ」は机上の空論であり、早期に行われることはない。

いずれインフレが落ち着き、経済・景気環境の雲行きが怪しくなった頃に、初めて利下げという選択肢が到来するということだ。ここまでの道のりは長い。

その際に、覚えておいていただきたいことがある。まずは次ページの図「利下げと米株価動向」をご覧いただきたい。

金利が上がれば株価は下がり、金利が下がれば株価は上がる――それが相場の掟である。しかし、この当然の事実が覆されることがある。

それが利下げ時にリセッション（景気後退）を伴った場合だ。

利下げと米株価動向

	初回利下げ日	利下げ理由	株価
①	1989年6月5日	景気減速を示唆する経済指標	上昇
②	1995年7月6日	短期大幅利上げ後の調整	上昇
③	1998年9月29日	ロシア通貨危機を受けての予防的利下げ	上昇
④	2001年1月3日	短期大幅利上げ後に景気減速の兆候	下落
⑤	2007年9月18日	サブプライムローン問題の表面化	下落
⑥	2019年7月31日	世界景気の減速、貿易を巡る不確実性、物価上昇の鈍化を受けた調整	上昇

コロナショック以前には、6回利下げ局面が存在する。内訳は上昇4回、下落2回という結果であるが、下落している2回はいずれもリセッションを伴っているのである。

現在のマーケットは将来の利下げを期待し、上昇している気配が強い。利下げ予測時期にズレはあったものの、将来を織り込む株式市場が利下げを期待して上昇するのは至極真っ当な動きと言える。

しかし、景気拡大に伴う高金利ではなく、インフレ抑制のための高金利時代において、果たして経済は停滞せずに進むことができるかははなはだ疑問だ。しかも2023年現在の状況はリセッションというネガティブ要素を考慮していない。にもかかわらず、これだけ将来のポジティブ要素を織り込んでしまっている以上、その梯子が外された時のショックは過去の局面よりも大きく生じる可能性は高い。

現在の「株高」に対して慎重な姿勢を忘れてはならない。

現段階では、景気は持ちこたえ、軟着陸することができるのか、それとも景気後退入りするのか判断することはできない。だが将来を予測することが困難であるからこそ、各シナリオにおけるトレンドや騰落率を事前に知っておき、その状況に合わせてポジションを機動的に変化させることが必要不可欠だ。

ＳＮＳやインフルエンサーが提唱するような米国株＝最強は、時には崩れることもある。「絶対」と言える投資先は存在しないこと、時流によりトレンドは変化していくことを念頭に入れ、周りに流されずに相場に向き合っていただきたい。

2024年に儲かる
日本株

米中でカップリングなどの
劇的なマクロ環境の変化などによって、
断然マネーが集まりやすくなった日本市場。
新テーマ「低ＰＢＲ」に合わせた銘柄も含めて
一挙公開する

この銘柄を選んだ理由①

セイヒョー

中長期の成長ストーリーと時価総額から株価を見る

同社をメイン銘柄として自信を持って推奨した理由は、知る人ぞ知るご当地アイスメーカーが、全国・世界へ進出していく、中長期的なストーリーに大きな魅力を感じたからだ。主力製品である桃太郎アイスは、新潟県では90％と言われるほどの高い認知度を誇り、同県ではソウルフードと呼ばれる。裏返せば新潟以外の知名度は無に等しかった。

そんな企業が2022年4月にWealth Brothersと資本提携後、

①国内外の新規取引先紹介を含む販路の拡大
②SNSを活用したWEBマーケティングの活用
③冷凍ロジスティックをはじめとした新規事業への挑戦

をプレスリリース。「全国区」への経営戦略転換を明らかにしたのである。また2022年から2年以内をめどに新潟市に第二工場を建設することも発表された。日経新聞は新工場による出荷金額が1・5～2倍になると予測した。

これが実現されれば、大幅な売り上げ伸長が期待できる。だが、いくら生産増をしても需要がなければ絵に描いた「アイス」だ。綿密に市場をリサーチすると、少子高齢化であるにもかかわらず、アイスクリームの国内市場の需要は2003年から右肩上がりだったのである。結果、同社の株価上昇を確信することになった。

また、業績の裏付け、中長期的なストーリーに合わせて、私には時価総額が非常に魅力的に映った。株式というものは、「将来これだけ成長するかもしれない」と未来の利益を織り込み、期待先行で上昇するフェーズが一番強い。さらに大切なのが時価総額である。

例えば将来への期待がある企業でも目先の収益1000万円に対し、時価総額1000億円となっていたとしよう。これは将来への期待感を強烈に織り込んでしまっている状況で、株価の伸びは期待できない。しかし、セイヒョーは、業績の裏付け、中長期的に魅力的なストーリーを持ち合わせながらも時価総額はたった20億円程度しかなかった。当時、多くの投資家は「地方のアイスメーカーが…」という観測が支配的だったが、それがまさに相場格言で言うところの「人の行く裏に道あり花の山」であった。

セイヒョーは「業績の裏付け」「将来の成長ストーリー」「時価総額」という観点が長期展望の重要項目であるという1つの「好例」である。

ASAHI EITOホールディングス

ティッカーシンボル
5341
セクター
ガラス・土石製品

アサヒエイトホールディングスは衛生陶器や水栓金具を取り扱う、中堅住宅機器メーカーである。2023年6月28日、同社はベトナム総代理店であるAMY MAYA社と覚書を締結し、取締役会にて「Challenge Vietnam」を決議した。会社HP内にてローンチされたものであるが、中身を紐解くと非常に大きなIRだと考える。

ベトナムは人口約9946万人、GDP約4138億ドル、直近の経済成長率は8・02%とアジアにおける有力な経済成長国として注目されている。加えて、同社がターゲットとする衛生陶器及び、バスルーム付属品市場は2018年の4億4340万ドルから2025年には6億8250万ドルに達すると想定され、年率6・4%で成長する市場だ。「Challenge Vietnam」では2030年までにベトナム市場規模の10%をシェアの獲得を掲げた。同社の計画通りに進捗すれば、6825万ドル（約95億円）の市場を獲得することとなるビックプロジェクトだ。

株式として投資妙味があると判断した理由は、同社の描く将来的なシナリオに対して、時価総額が著しく乖離している点である。2023年9月11日現在、時価総額は約33億円。そしてまだ圧倒的に認知度が低いことを考慮すると、保有しておくべきでは。

また2023年8月2日には不動産開発に伴う大口案件獲得を目的とした専門チームを発足。ベトナム7つ星ホテル「LA CHATERU &BEAUTY」や

DAKLAK省にて建設される総合病院に、同社のトイレルーム製品一式の採用が内定。

株式の中長期的な上昇には、会社側が提示した成長シナリオに対してその実現へ向けた経営陣の本気度合いが株主に伝わること、そして定期的な進捗報告を行う過程で株主と経営陣が共通の将来を見ることが必要不可欠である。同社IRからは「本気度」がひしひしと伝わる点もポジティブ材料であろう。

もちろん「Challenge Vietnam」で示された計画が実際に達成されるかどうかは不透明。しかし、株価は将来への期待が値を押し上げていく。つまり、2030年まで、実際に目標を達成するかの如何にかかわらず、現在の割安な時価総額は同社の掲げる目標値への期待感で押し上げられることだろう。

中長期視点での保有であれば、要注目の銘柄だ。

DATA

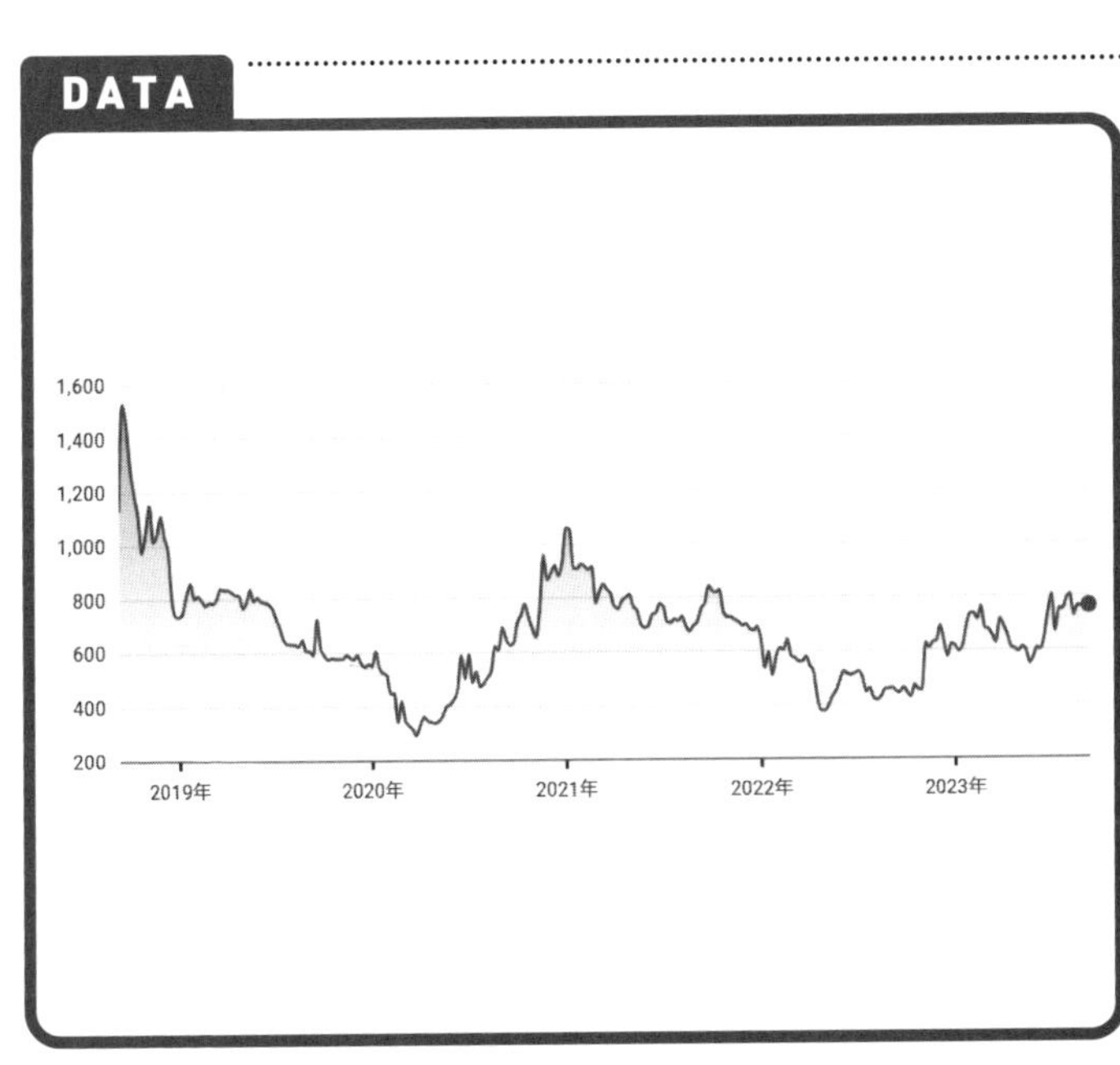

みずほフィナンシャルグループ

ティッカーシンボル
8411
セクター
銀行業

言うまでもなく三菱UFJフィナンシャルグループ、三井住友FGと並ぶ3大メガバンクである。しかし、銀行株という側面で見ると、三菱UFJ・三井住友銀行が大きく取り上げられ、みずほ銀行を推すことはほとんどない。

なぜあえて人気の2社ではなく、みずほ銀行を推奨銘柄とするのか——まず、銀行株を推奨する理由は、日本の金融政策と東証主導の低PBR是正というマクロ環境が大きく追い風となるからだ。

2023年7月28日、大きなサプライズが起こる。日銀金融政策決定会合でYCC（イールドカーブコントロール／長短金利操作）の修正が発表されたのだ。運用柔軟化により、長期金利の上下0・5％程度の許容変動幅を「めど」として経済・物価情勢次第で0・5～1％を容認するという内容である。

これによってこれまで0・5％で押さえつけられていた長期金利は一時0・65％を超えた。その後金利の変動は落ち着きを取り戻しているものの、中長期的には日本金融政策の出口として、金利は緩やかに上昇していくだろう。2014年のアベノミクスによる大規模金融緩和は多くの企業業績や景気を押し上げた。一方で、銀行には苦しい10年間であった訳だ。

しかし久々に銀行の時代がやってくる。長期金利が0・8％程度の水準で推移すれば、1年程度で大手行の純利益は3～5％押し上げるという試算がある。中長期的には、若干の金利上昇は起こるだろう。しかし単純に金利上昇＝銀行株だけでは銀行株上昇は一時的なものとなる。実は強く押し上げるテーマは、東証主導の低ＰＢＲ是正だ。東証が主導するにもかかわらず、銀行・証券業界がＰＢＲ１倍割れでは全体に強くものは言えない。金融セクターが中心となって低ＰＢＲ是正に向けた取り組みを行なっていくのが現実的だ。

現在のメガバンクの各指標は上図の通り。株価面で出遅れているのがみずほだ。前述したように銀行セクター全体が強含む流れだ。ということは、配当利回りも高く割安なみずほが優位になる展開もあるのではないか。

	PER	PBR	配当利回り
三菱 UFJ	10.37%	0.78%	3.66%
三井住友	10.48%	0.68%	3.88%
みずほ	9.72%	0.65%	4.06%

DATA

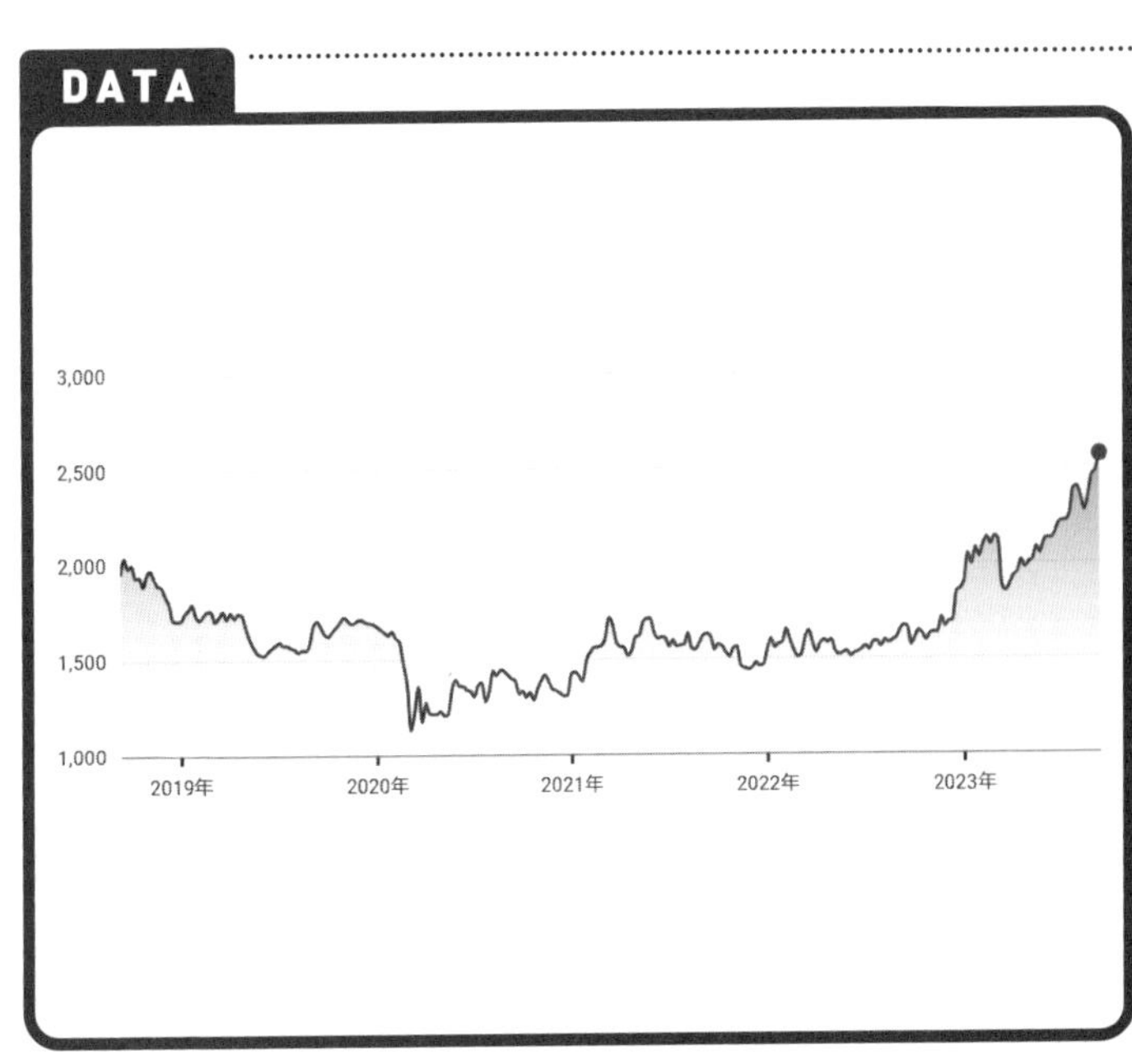

遠藤製作所

ティッカーシンボル
7841
セクター
その他製品

1950年に日本の金属加工の総本山ともいえる新潟県燕三条で創業され、2003年に上場を果たした企業だ。

創業当初はミシンの部品を製作。その後、燕三条の地場産業ともいえる食器へと事業を拡張させ、1970年代からはゴルフの金属製クラブヘッドを製作するようになった。

クラブヘッドの生産で培った高い金属加工技術を応用し、自動車部品の製造をメインに行っている。2009年からは医療機器事業に参入。人工の股関節や大腿骨頭などを生産している。

コロナ禍の影響でクラブヘッドの需要がダメージを受けた。また半導体不足などの影響によって自動車生産も停滞気味となっている。そのことで2020年5月8日に発表された売上高は前年同期と比べて19・1％減、営業利益は3200万円の損失となっていた。

同社が活路を見出そうとしているのが、ゴルフクラブヘッドで培ったチタン加工技術を応用だ。航空機のエンジンに使用されるファンを製作しようとしている。チタンを鋳造して削り出す極めて難易度の高い製品だ。2021年6月から試作を開始し、2028年度の実用化を目指す。航空機エンジンファンは極めて高い精度を要求される。成功すれば同社は現在よりも数段上の技術を獲得することになるだろう。現在の同社事業のマーケット環境は厳しいものの、コロナ禍からの脱出とともにゴルフ事業、メタルスリープ事業ともに回復傾向となっている。

前述した新規事業への意欲的な取り組みは評価したい。また、株価水準としても非常に魅力的だ。米国の金利上昇を受け、グロース株を中心に大きな下落を余儀なくされている日本市場であるが、同社はPER4%弱、PBRは0・3%台と明らかに割安であり、全体相場の値動きに連動しにくい。併せて、これからのマーケットでは、ここ数年注目を浴びることのなかった割安株にスポットライトが浴びることが想定され、むしろ地合いの悪い相場環境は同社にとってポジティブに働くであろう。秘める将来性、そして今後の相場環境など、マクロ、ミクロ両視点で恩恵を受けることが想定されるからこそ、大きく価格が伸びる前に保有しておきたい銘柄だと考える。

DATA

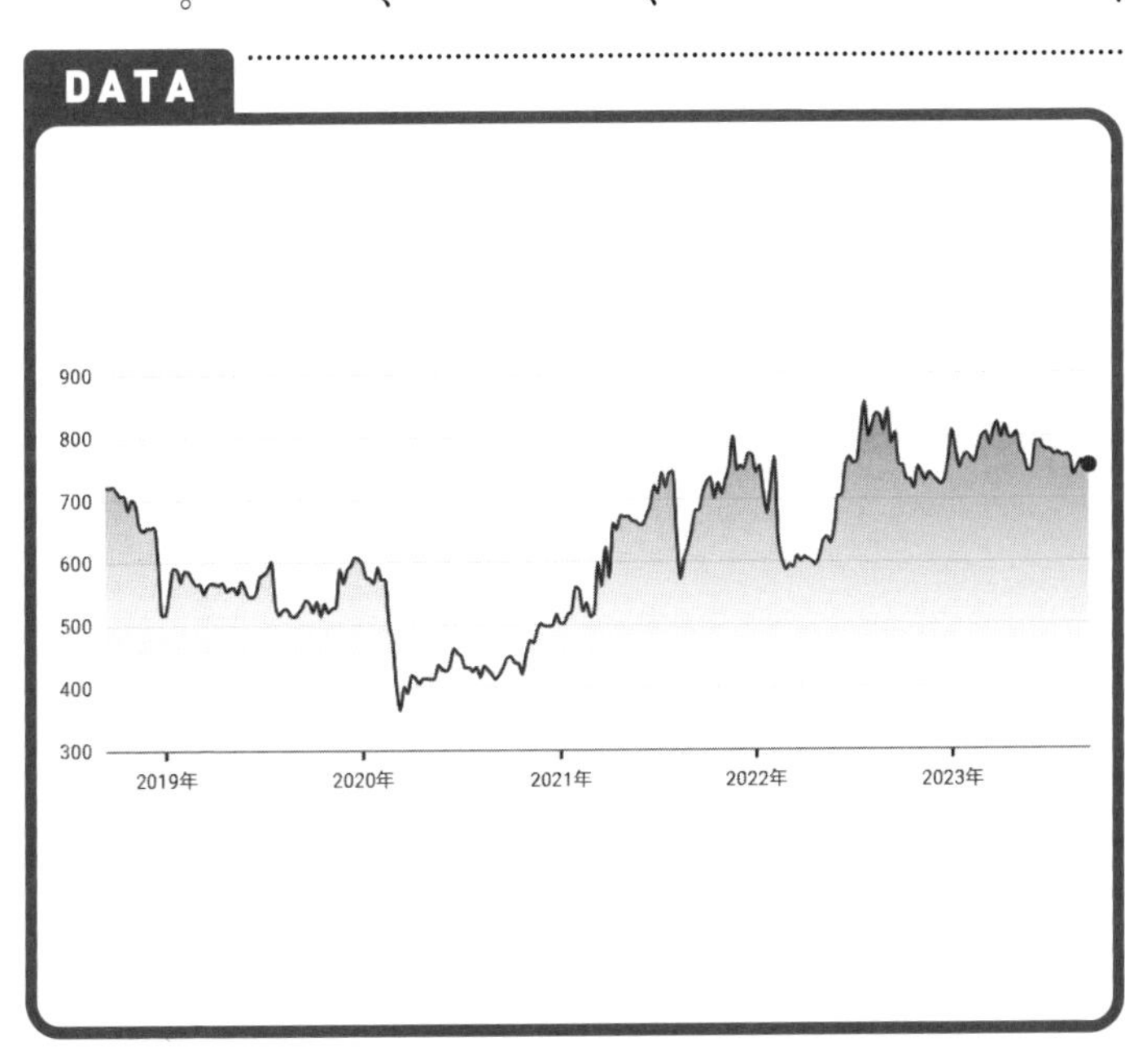

日本製鉄

ティッカーシンボル

5401

セクター

鉄鋼

日本製鉄は粗鋼生産量において日本国内最大手である。世界で見ても宝武鉄鋼集団(中国)、アルセロール・ミッタル（ルクセンブルク）に次ぐ世界第3位の規模を持つ。まさに日本鉄鋼業の雄である。

『猫組長TIMES』では2200円台から推奨をしていた。その時から比べると株価はだいぶ上昇。上昇は一服するのか、もう一段、上のステージに向かうのかは悩ましいところ。ここでは自信を持ってもう一段階の上昇と予測したい。なぜなら、同社を取り巻くマクロ環境が同社にとって圧倒的に追い風であるからだ。

足元の業績は、2023年5月に発表された同年3月期連結決算では、純利益は前期比で9%増の6940億円と、2012年経営統合後の最高益を2年連続で更新している。

しかし、この期間のマクロ環境は同社にとって順風ではなく、むしろ「逆風」であった。中国を中心に鉄鋼需要が冷え込み、国内でも半導体不足の影響で自動車向けの鋼材販売は低調。それでも最高益を叩き出せているのは、積極的に構造改革を実施し、鋼材価格の積極的な引き上げでマージンが拡大したから。この好業績は棚ぼたによるものではなく、経営陣の努力の賜物である。

決算を数字だけで見ることで、変化を見過ごしてしまうことは多い。同社は決算をしっかりと確認することの大切さに改めて気づかせてくれた。

現在の世界的なマクロ環境は景気拡大ではなく後退に向かうトレンドである。低調な鉄鋼需要が底を打ち始めたら、同社はとてつもない利益を生み出すということだ。ここが天井の最高益ではなく、伸長余地を大きく残した最高益なのである。

次に、低ＰＢＲの是正も追い風となるであろう。２０２３年８月時点でＰＢＲは０・７倍台だ。そして配当利回りは４・５％程度もある。文句の付け所のない素晴らしい投資先だ。

そこで悩みどころとなるのが、ここから買うべきか否かという点だ。私はＰＢＲ１倍回復まで配当を受け取りながら放置でいいと考える。ご自身の投資スタイルに合わせて、どこまで買いで入るかを考えればいい。ＰＢＲは０・７倍台の現在の水準は20％のキャピタルと年間４・５％の配当というインカムを享受できるポジションだ。長期投資先としてならば魅力的に映らない方はいないのではないだろうか。

DATA

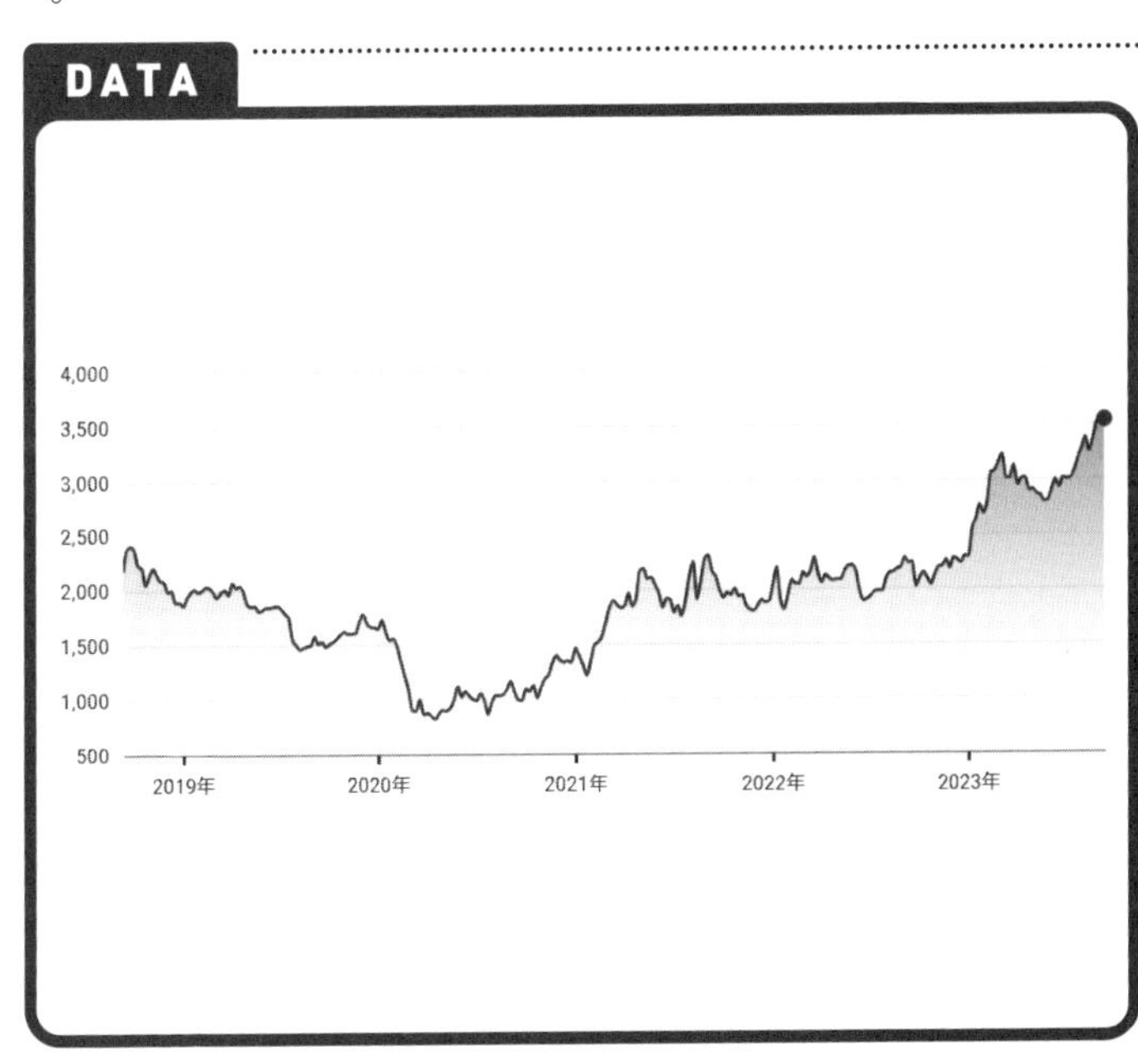

味の素

ティッカーシンボル
2802
セクター
食料品

味の素と聞いて株式市場参加者が思い浮かべるのは半導体の絶縁体フィルムである。

マーケットが同社の絶縁体フィルムに注目しはじめたのは、コロナ禍におけるライフスタイルの変化だ。リモートワークがフックとなって関連商品が注目される。ノートパソコンやスマートフォンの頭脳にあたるＭＰＵの絶縁材に味の素ファインテクノが手掛ける層間絶縁材料「味の素ビルドアップフィルム（ＡＢＦ）」が使用されており、高性能パソコン向けでの世界シェアほぼ１００％である。アミノ酸技術の応用から生まれた副産物であるが、業績への貢献度は極めて高い。

２０２３年8月4日に発表された、２０２４年３月期第１四半期決算では事業利益４２８億円。このうち、調味料・食品が３０９億円と全体の72％を稼いだが、ＡＢＦが主軸の電子材料を含むヘルスケア等は69億円と19％を占めた。

これまでは、知名度の高い自社ブランドによる安定収益は見込めていたものの、将来性については乏しい点も多く、投資妙味はかなり低位に位置していたことから、株価も長らく低迷し続けてきた。しかし、ＡＢＦの登場で収益構造におけるバランスが非常に向上した。調味料・食品事業が安定的な柱となり、そこから生まれる利益を中長期的な成長戦略への投資。その結果、現在の同社は足元そして、将来性の２つが程よいバランスで内在する企業に生まれ変わったのである。

株価だが、２０２３年６月７日につけた５９００円から長らく調整を余儀なくされている。順調に上昇していた株価が長らく低迷すると、多くの個人投資家は心理的な側面で不安になってしまうのだが、日柄調整を忘れてはならない。順調に推移している時には、期待先行で上昇していることが多く、その時につけた高値はその時点においては割高であることが多い。とはいえ、業績や将来性の裏付けが強く内在しているのであれば短期間での上昇を、時間をかけて正当化していく。

つまり、どんなにいい企業であっても毎日上昇し続けることはないし、必ず日柄調整が必要なのだ。それが本当に日柄調整なのか、単なる下落なのかを見極めるのにはより高度なテクニックを要すが、ひとまず同社に至っては前者の日柄調整と見ていいだろう。押し目があればぜひ保有をお勧めしたい。

DATA

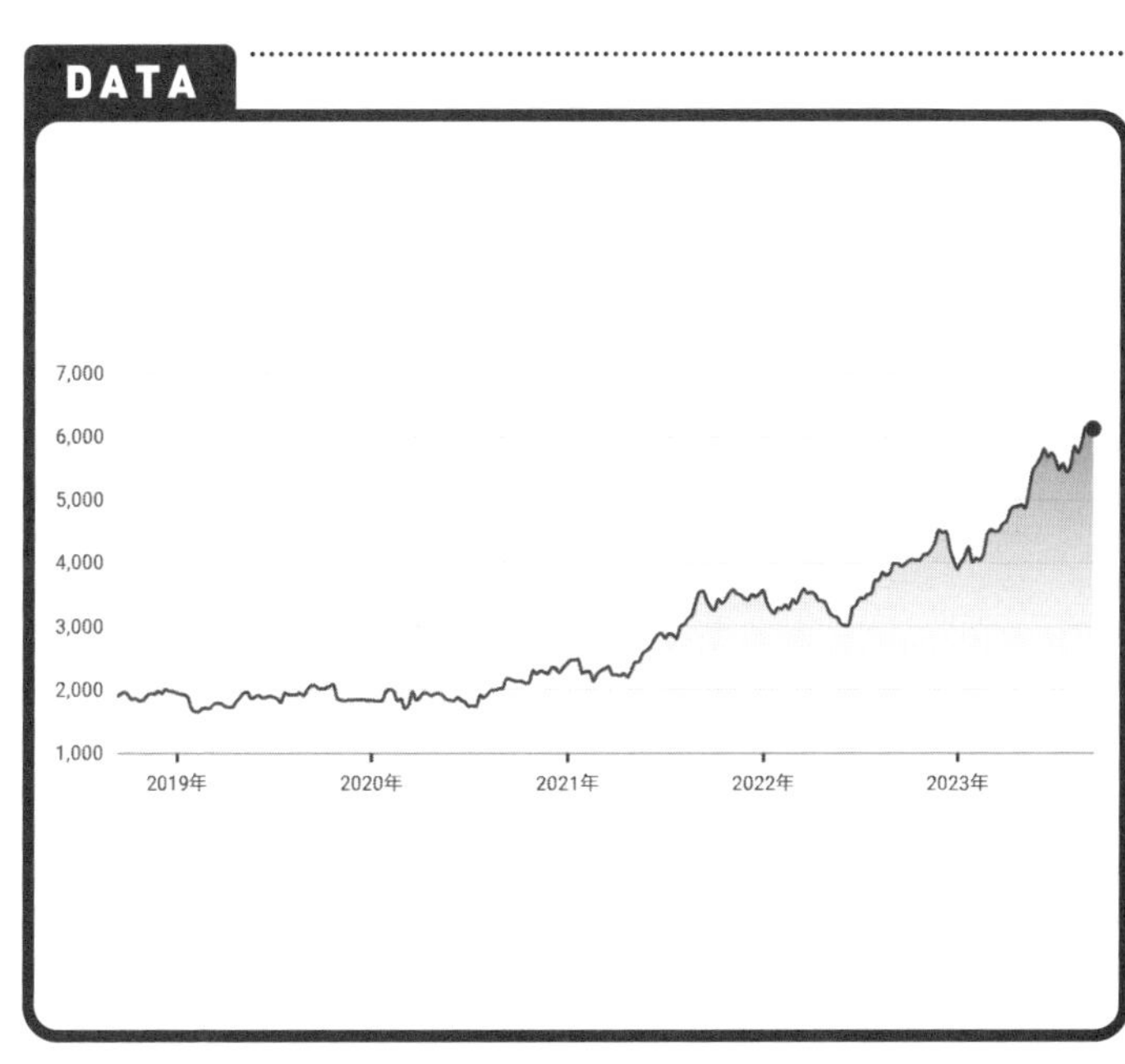

川崎重工業・三菱重工

マクロ的な潮流は事実ベースから買っても十分に間に合う

２０２２年２月のロシアによるウクライナ侵攻をきっかけに、同年10月ごろから日本国内では防衛費増額が話題となっていた。そのようなマクロ環境を考慮し防衛関連銘柄として川崎重工業・三菱重工を取り上げた。

三菱重工業は護衛艦、哨戒ヘリコプターを供給する一方で、川崎重工業は輸送ヘリコプターや哨戒機、潜水艦などを生産している。日本においては装備品の販売先は防衛省一択。防衛省との契約高１位の三菱重工業と、２位の川崎重工業という単純にして明快な理由によって両銘柄を推奨した。個々の要因ではなく、「防衛費増額」というマクロ的なテーマで、上昇セクターとして選定したということだ。ここで皆様にお伝えしたいことは、マクロ的な潮流は事実ベースから買っても十二分に利益が取れるということだ。

株式投資全てに当てはまる絶対的な正解は存在しない。将来への成長期待で買っているのであれば、思惑で買って事実で売らなければならないのが原則だ。しかし、マクロ的な潮流を追いかける際は、むしろ思惑で買うと失敗することが多い。それは国策含めたマクロ的なセクターへは、事実となってからファンドを含めた巨額な資金が投下されるからである。2023年1月に東証より発表された低PBRの是正も同じだ。2023年3月時点では、プライム・スタンダード市場に上場する約3300社のうち、半数を占める約1800社がPBR1倍割れという状況であった。長らく日の目を見ることがなかった投資である。

菅原氏とともに配信している有料メルマガ『猫組長TIMES』ではPBR是正の注目セクターとして地銀・鉄鋼・テレビ局・証券業界を取り上げた。地方銀行を除き、その他全ては東証からのアナウンスがあってからである。それぞれのチャートをご確認いただければわかる通り、どれもマクロ的な潮流に乗る形で大幅に上昇した。

事実から買っても決して遅くはないのである。

個人的には、次の大きな「マクロ的な潮流」の局面は日本の金融政策の転換と見ている。現在の環境下から鑑みて、金融緩和は継続されるがYCC（イールドカーブコントロール）はいずれ撤廃され、諸外国につられる形で緩やかな金利上昇が訪れると考えている。実際にそれが訪れたタイミングでは、恩恵のあるセクターが大きく上昇することが期待されるが、先述の理由から動意付いた銘柄にはぜひ自信を持ってその初動からついていってほしい。

CIJ

ティッカーシンボル
4826
セクター
情報・通信

ITシステムの「コア」はOS・コンパイラのミドルウェアの技術と言われる。CIJ社はそのコア技術の開発を担う企業として設立され、ITシステムの発展とともに事業領域を拡大させてきた。設立当初からのプロジェクト情報を蓄積しており、蓄えた知見やノウハウ、確かな技術が同社の基盤となっている。同社の魅力はなんと言っても強固なクライアントだ。

公共向けでは、政府系金融機関や中央銀行、警視庁関連、地方自治体、内閣府をはじめとして多くの省庁の情報システムに携わる。金融では銀行の勘定システムや、保険の新契約システム、信販では受付WEBシステムなど、サービス提供は多岐にわたる。

加えて、DXやAI・ロボティクス、開発支援などテーマ性のある分野も取り揃えているが、それだけではない。1200社の顧客の中で、顧客別売上高の1位がNTTデータ、2位が日立製作所だ。独立系2次受けシステム開発企業として、データ業界のトップどころと言っても過言ではない2社とのビジネスが売り上げの約4割を占めているのだ。

この安定的なビジネスモデルが右肩上がりの株価を形成している。だが、PERは16倍と期待先行ではなく、業績の裏付けを伴って上昇していることが窺える。

配当性向は70%と少し高い水準になることは懸念材料ではあるが、3%台の配当利回りは長期ホルダー人口を増加させ、安定した株価形成に寄与していく。これらの点だけでも長期投資を前提としたポートフォリオにおいて、投資妙味があるのでは。

昨今は、訪日外国人の復活により、インバウンドが注目されているが、「インバウンド」などをテーマとして探しても同社に辿り着く人はいないことだろう。しかし、同社はホテル向けソフトも提供しており、密かにその恩恵を享受している。加えて、元請けのS1は地銀のビッグデータ開発が始動しており、こちらは材料として注目される要素だ。

最後に、直近決算においても賃上げを補った上で、増配し、利益も増勢しているのは非常によい状況下だ。2023年8月現在で株価は500円台まで反落しているが、安定的な業績が背景である以上、上値を追う銘柄ではない。

むしろ、この下落はいい買い場となるだろう。

DATA

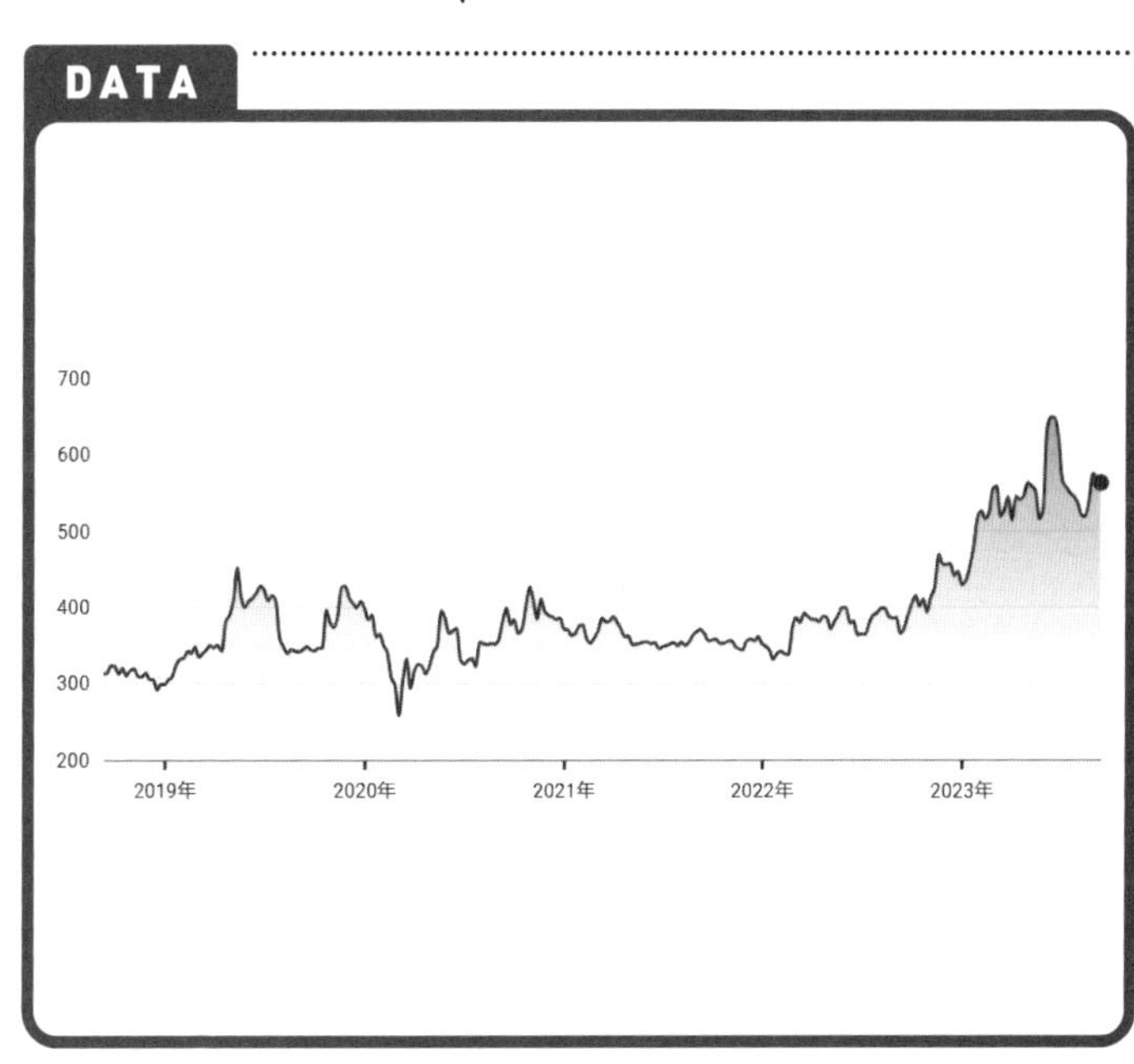

日本株 ▼CIJ

アルメディオ

ティッカーシンボル
7859
セクター
その他製品

1981年5月に設立され1999年に上場した。元々同社はCD等の規格テストをメインの事業としていたが、CDの需要減を背景に、構造を改革し、現在は断熱材や粉末状炭素繊維事業の成長、育成を図っている。コロナ後の株価の推移を見てみると、2020年初頭から2021年5月頃までは150～220円を行き来していた。同社はこの数年で3度大きく上昇している。

1度目は2021年5月。「ナノマテリアル事業において自動運転用のレーダー波制御用CNF複合樹脂コンパウンドの開発」を発表したことで、自動運転という爆発的な市場規模拡大余地を持つテーマ性から将来性を期待され、大きく上昇した。

2度目及び3度目の上昇は決算による。2022年8月に発表された決算短信では、太陽光発電の需要が高まって国内での乾燥炉用炉材の販売が伸びたことが主要因として、売上高は前年同月と比べると108%増。2022年11月の決算発表では、業績の上方修正を含め、売上高は前年同月と比べて84・4%増と2四半期連続で、市場の予想を大きく上回る好決算が株価を強く上昇させた。

しかし、株価は2022年11月の好決算を高値に、約1年間軟調な推移を余儀なくされた。この期間に決して悪材料が出たわけではないにもかかわらずだ。

そこには株式の面白さと深さが詰まっている。2022年10月末から約1カ月で株価は4倍に迫るほどに上昇した。強い上昇が伴う時には、将来の期待・利益を先取りして上昇する。つまり、PER先行での上昇が起こり、その高値は過熱感がつけてしまった価格なのだ。次第に勢いが収まれば、高出来高をつけて上昇してきたその買い残高の分だけ、利益確定売りに晒される。そうして下落が始まると、高値で掴んでしまった人々は損切りを行い、利益のある人は利益のうちにと売却をする。

これが短期的な上昇後に起こる需給の悪化である。これらは、時間とともに日柄調整という形で改善されていく。約1年間という時を経て、ようやく手を出せる頃合いになってきたのではないだろうか。

現在、同社は三菱重工業と共同で複合材料構造体及び複合材料構造体の製造方法に関する特許など材料視されている。これから生産体制に入れば、かなり注目されることだろう。

DATA

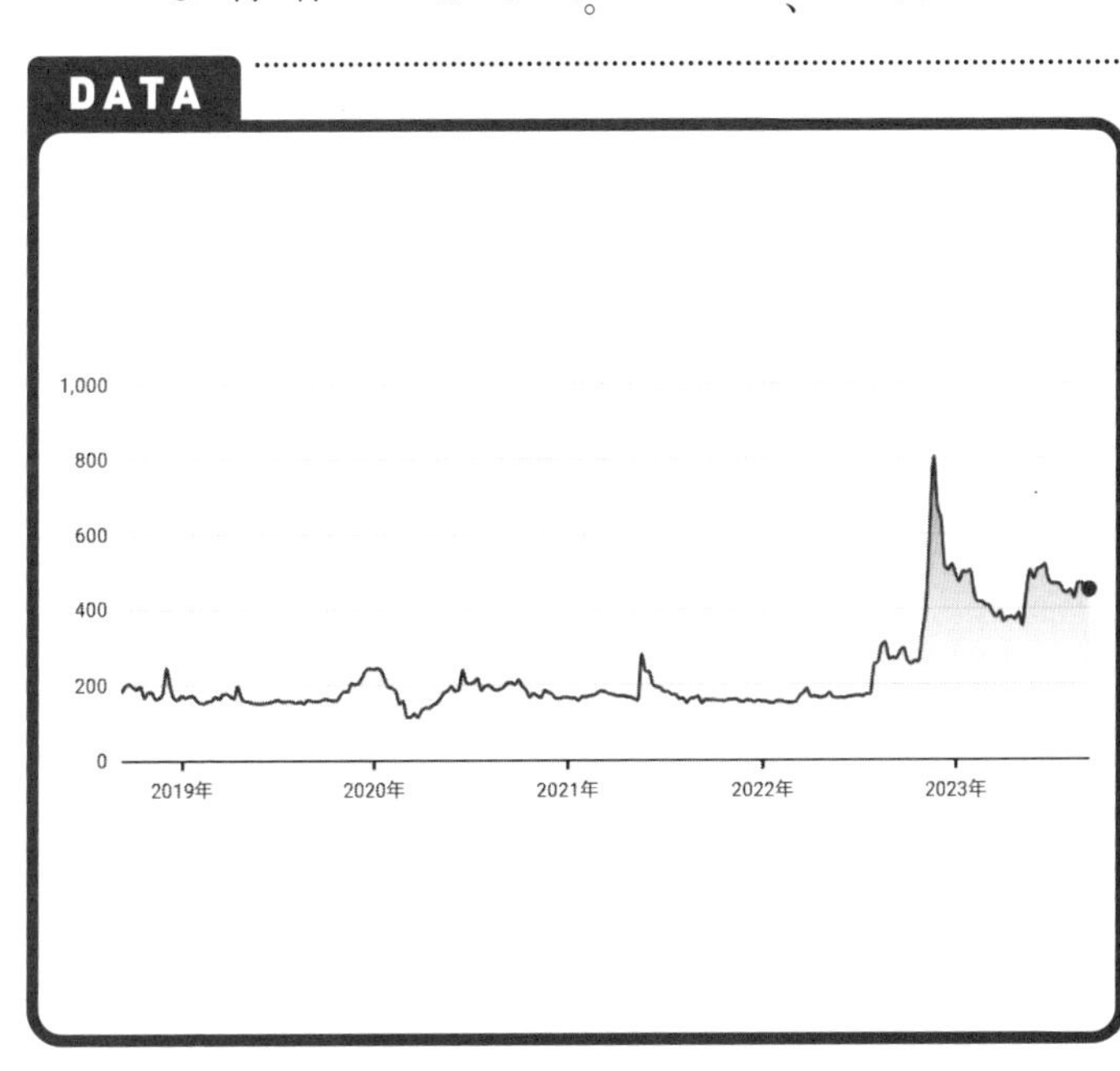

フィックスターズ

ティッカーシンボル

3687

セクター

情報・通信

フィックスターズは『2024年まで勝てる株式投資術』にも掲載し、50％ほど上昇した銘柄だ。しかし2023年夏場以降、大きな下落を余儀なくされている。現在の株価水準はチャンスである。

ぜひ、2回目の利益をとっていただきたい。

同社は2002年に設立され、2014年に上場した企業だ。Ｃｅｌｌや GPUアーキテクチャをコアとしたマルチコアソリューションを製造・開発・販売している企業として知られている。現在はｘ86、ＧＰＵ、ＡＲＭ、ＰＯＷＥＲ等さまざまなマルチコアプロセッサ向けのソフトウェア最適化サービスや、開発プラットフォームを提供する。

スーパーコンピュータ「富岳」の名を聞いたことのある方も多いだろうが、これは、同社のものである。5期連続で世界一を獲得、ビッグデータの処理で重要となるグラフ解析においても最高レベルの評価を得ており、その技術は折り紙付きだ。

さらに量子コンピュータの活用支援とシステム開発の提供を行っているが、この量子コンピュータ分野が要注目である。

量子コンピュータとは、重ね合わせや量子もつれといった量子力学的な現象を用いて従来のコンピュータでは現実的な時間や規模で解けなかった問題を解くことが期待される次世代コンピュータだ。物流、製造、モビリティ、通信、創薬、ロボティクス、金融と、活用が期待されている分野は枚挙にいとまがない。

この分野で先行している同社が、今後それらの市場で担う役割は非常に大きい。ただしエンドユーザー向けではなく、あくまで各分野の一部に用いられる程度という点は量子コンピュータの抱える課題の1つ。だが、それでもあらゆる産業に広く用いられる優位性が、カバーすることだろう。

株価的な側面で言えば、量子コンピュータ関連銘柄として何度も注目され、上昇した経緯はあるが、期待先行の上昇で長続きしなかった。しかしそれから時は経ち、日々の技術革新から近い将来、売上・利益が安定していくフェーズに突入することだろう。

停滞する日本経済において、世界最高峰の技術を保有し、世界と競争を続ける同社を日本人として応援したいと思う人も多いのではないか。もちろん将来性、バリュエーションの観点からも買い付けしておきたい銘柄の1つだ。

DATA

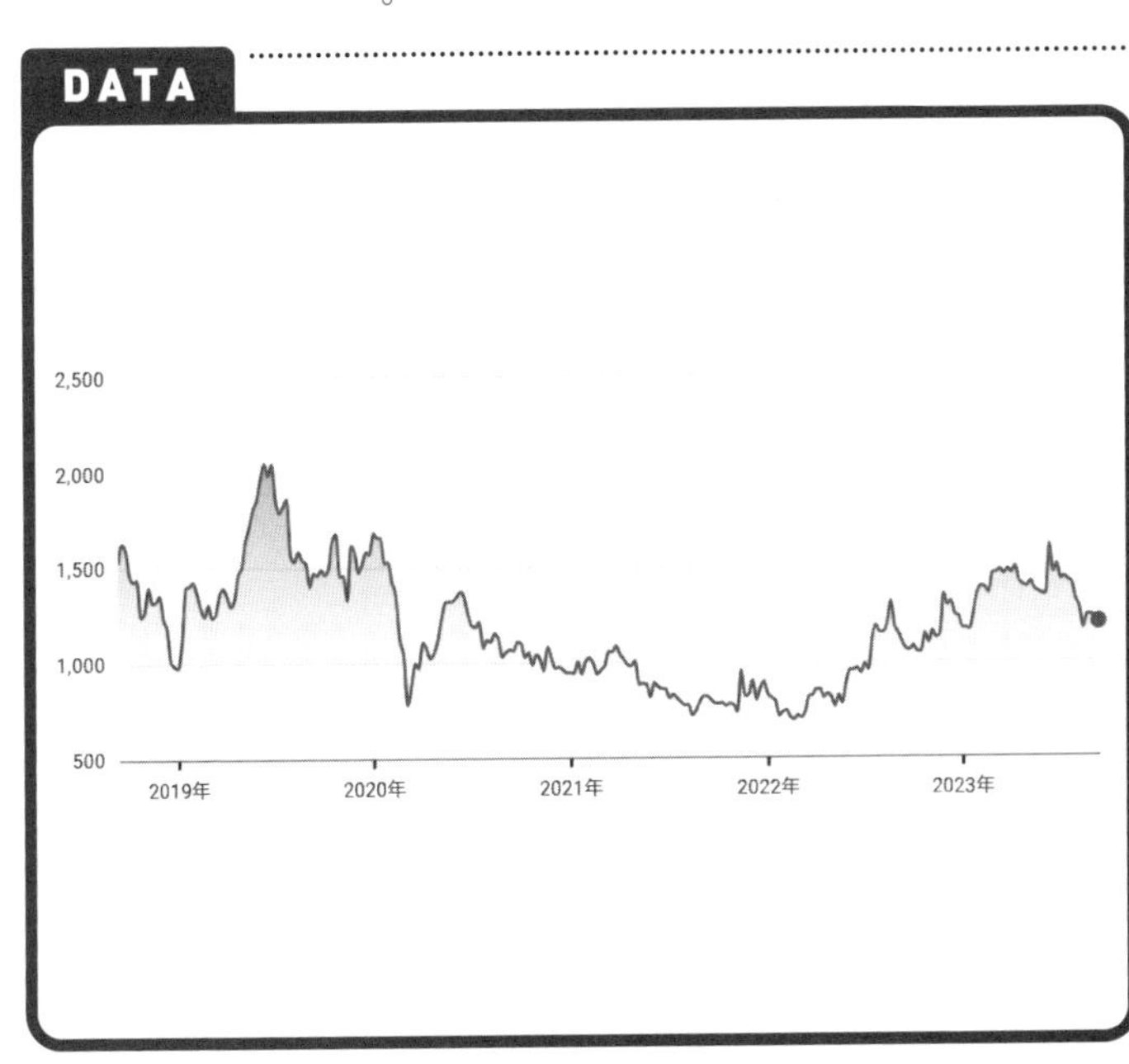

ブレインパッド

ティッカーシンボル
3655
セクター
情報・通信

2004年の創業以降、顧客企業データを活用した経営改善支援を行ってきた企業だ。創業当時は世の中に「ビッグデータ」という言葉さえ存在していなかった。しかし同社は「データの活用の有無が企業の競争優位性を左右する時代が到来する」と確信。幅広い業種の支援を行うことで実績を積み重ね、ビッグデータ活用・分析の専業企業として2011年にマザーズへ、2013年には東証一部に上場を果たした。

同社の魅力はなんと言っても、データ活用のリーディングカンパニーである点だ。年率10%を超えると成長が続くと言われるデータ活用関連ビジネス市場において、その存在感を維持・拡大させ、さらなる成長を遂げている。その結果はすでに、業績にもしっかりと反映されている。営業利益にはバラツキは見られるものの、売上高は堅調に推移。また、同社の決算書を見れば主なクライアントには名だたる上場企業が名を連ねている。

この分野のパイオニアとして市場を牽引してきたことの証左であろう。

しかし、株価の水準としては、2023年にAI関連として大きく上昇した局面は見られたものの、2019年の高値3100円から約1／4程度まで下落している。時価総額も200億弱程度であり、グロース株によくある、将来への期待度を先取りしたが故の推移と言えるだろう。

しかし、同社にはこの下落トレンドを跳ね返す可能性を秘めたテーマがある。それこそが生成ＡＩだ。「ジェネレーティブＡＩ」とも呼ばれるが、ＡＩとの違いはオリジナルコンテンツの創造を可能としたことである。

同社が8月にプレスリリースした「生成ＡＩ／ＬＬＭスタータープラン」は生成ＡＩのビジネス活用を支援するものだ。生成ＡＩの能力は知っているものの、どのように活用したらいいかわからない企業が全てターゲットとなる。先述したように、同社の魅力はリーディングカンパニーとして、名だたる企業を支援してきたことだ。その過去の遺産が新サービスの販売を強く支えることであろう。ＡＩはテーマが先行しているため、実績が伴う必要があり、四半期ごとの決算には進捗を含めてしっかりと目を通す必要があるが、中期経営計画を掲げ、新たなことに取り組む同社から目が離せない。

日本株

▼ブレインパッド

DATA

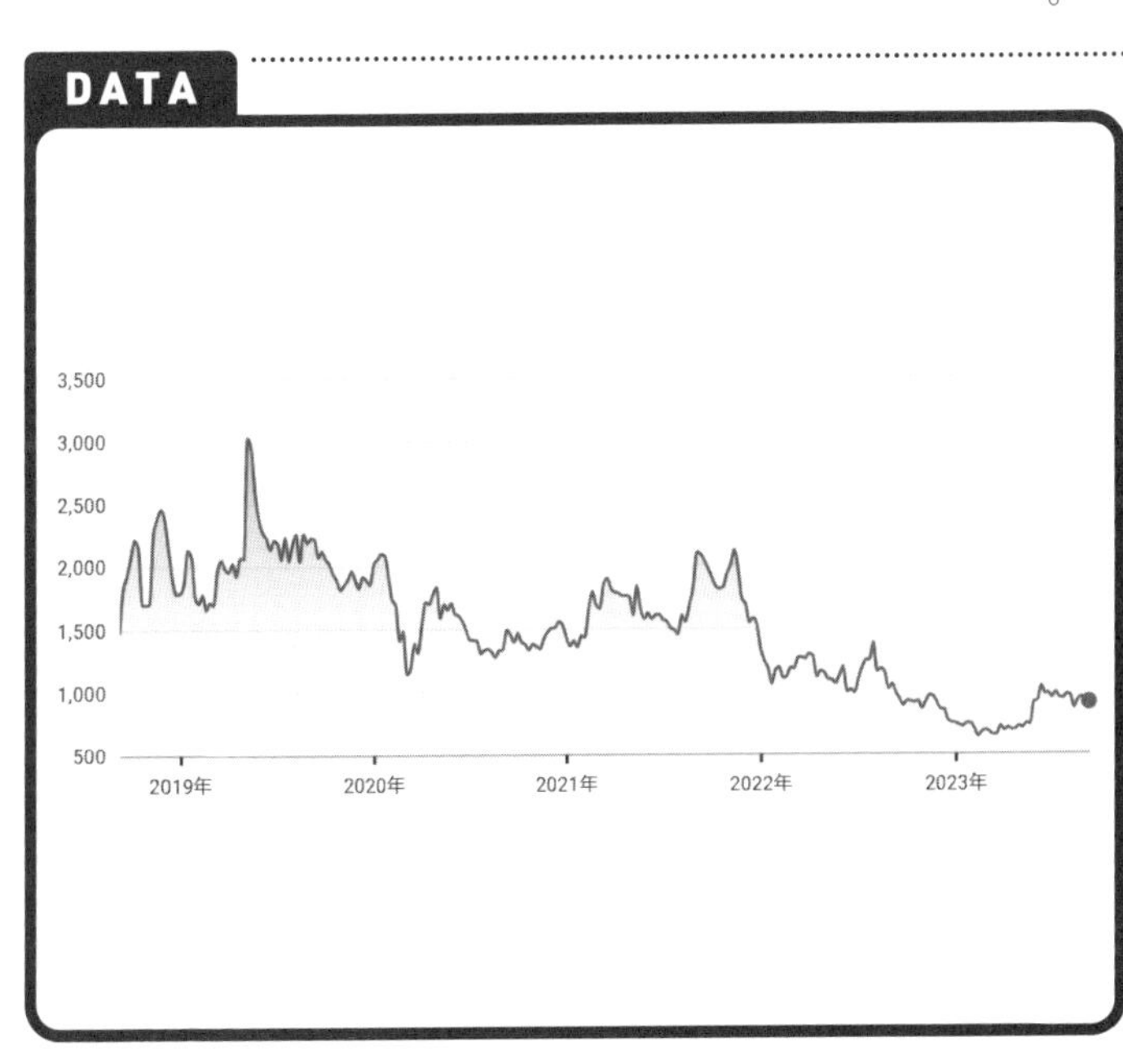

水戸証券

ティッカーシンボル
8622
セクター
証券業

２０２３年1月20日、同社が発表した第六次中期経営計画（２０２３年３月期から２０２５年３月期）における剰余金の配当についての決議が密かに話題となった。それは、株主還元の一環として、１株あたり年間配当金の下限を20円とすると公表したからだ。発表後につけた株価は２８０円程度だったが、配当利回りに換算すると7％超えとなる。

当時、ＳＮＳなどでは「ネット証券が普及している時代に対面証券なんて傾斜産業だ」、「赤字企業なのに配当は本当に実現するのか？」など懐疑的な意見が目立っていた。確かに、ネット証券やＩＦＡの台頭により銀行と提携する大手証券でも厳しいのだから、地場証券はもっと傾斜産業だと捉えることは不思議ではない。だがイメージ先行は投資チャンスの喪失。その好例が水戸証券である。赤字なのにというが、そもそも原資は利益からではなく、長年積み上げていた潤沢な純資産が裏付けである。

潤沢なキャッシュが配当の裏付けであるならば、3年間の配当は約束されているようなものだ。株価はそこから大きく上昇しているが、２０２３年８月時点でも配当利回りは5％を超える。さらにＰＢＲは０・６倍台。

私には魅力的な銘柄にしか見えない。

と言っても本業が堅調ではないことに不安がつきまとうことだろう。そこで低ＰＢＲの是正というテーマを考えてほしい。証券の門番と言われる証券会社がなんの対策も行わないわけがない。加えて高配当であれば、ほとんどの投資家が株式を保有する。つまり、この銘柄は長期ホルダーが多いということだ。上昇すればするほど、配当利回りは低下するため、アップサイドは見すぎるべきではないが、株価が下がればそれだけ配当利回りは増加し、投資妙味は向上する。証券会社＝斜陽産業という先行イメージとは裏腹に株価は底堅いと推測。配当というインカムを享受したい投資家にとっては素晴らしい投資先となるだろう。

余談ではあるが株主還元として増配を行ったことは賞賛されるべき判断であるが、成長シナリオが見出せず、キャッシュを留保し続けてしまったことは企業経営としては物足りない。万が一増配だけでなく、成長戦略にも資金を投下するようなことがあれば、そこで初めてもう一段上のステージの可能性を見ていいのではないだろうか。

DATA

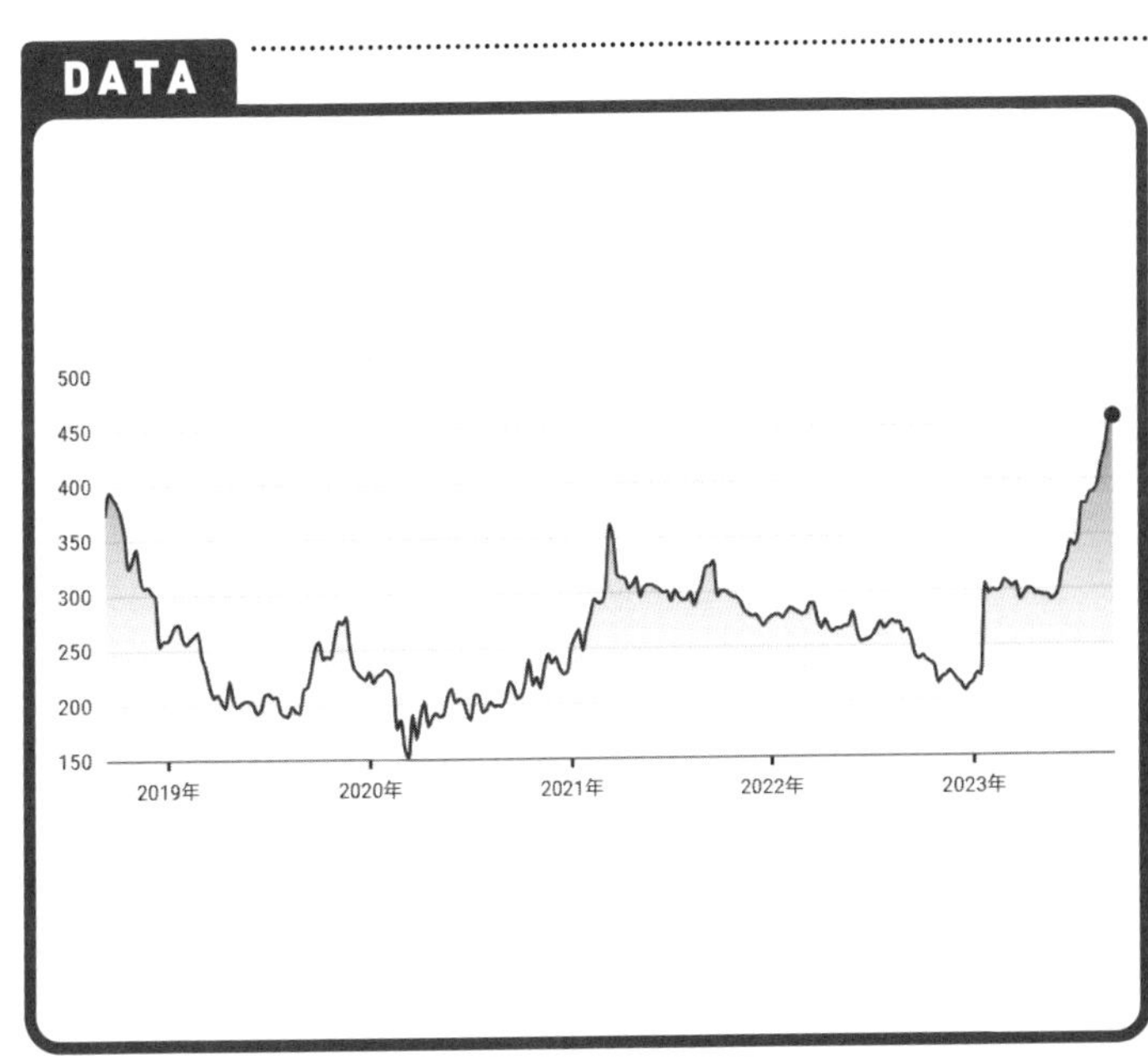

ポート

新興市場は将来性も大切だが テーマと業績の視点を

ポートは2018年に上場した、採用活動や、電力やガス事業者向け成約支援サービスなどを行う企業だ。前著『2024年まで勝てる株式投資術』発売日2022年11月2日から最大で2・3倍まで上昇したが、この期間で新興市場全体が賑わっていたわけではない。

むしろ発売日時点での日経平均株価は21799円で大型株はその後大きく上昇したのに対し、同社が上場している東証グロース市場は886・47円に過ぎない。

市場全体の勢いに乗る形ではなく、自力で上昇したということだ。

なぜポート社は軟調な新興市場の中で、逆行高する事ができたのか――その理由を振り返りながら新興市場の銘柄選びにおける引き出しの1つをご紹介したい。

有望な新興企業を模索する際、殆どの個人投資家は企業の将来性から探るだろう。もちろん、企業の将来性、成長ストーリーは不可欠な要素である。

しかし、特にボラティリティの大きい新興市場においては大切なのは、テーマと業績である。

株価は将来性を織り込む形で、期待先行で上昇するフェーズが強いのは言うまでもない。しかし相場全体が崩れると、直接的な要因はなくともバリエーションの観点から大きく売られてしまうことが多い。

その結果として、将来性を買いながらも大きな含み損を抱えている投資家も多く存在するだろう。

外的影響を少しでも排除することができるのが業績の裏付けである。前著執筆時点で最新の2022年8月期決算は、前年同期に比べて、売り上げは84・5%増、営業利益は1202%と大幅な増収増益である。

目先の決算が申し分ないだけでなく、マッチングDXメディアを運営しているINEを子会社化したことも公表し、同社の基盤を市場界隈で確固たるものにしようとしている姿勢もポジティブに評価した。加えて、「メタバースを活用したマッチングDX事業の実証実験のお知らせ」のリリースを見て、推奨銘柄にあげようと決断したのが経緯だ。

株式は短期目線においては、期待と失望による需給要因が強く絡み合うが、長期的には、必ず利益に帰属する。そういった観点から見れば、超長期投資ならばテーマではなく業績だけでひとまず最低限は出揃う。

しかし、ある程度スピード感を求めるならば市場とのテーマの合致は不可欠だ。

2022年初はメタバース元年と呼ばれ、主たるテーマの1つとなっていた。足元には堅実な業績の裏付けがありながら、時流に合致したテーマと成長戦略を持った状態は、「リスクリターンのバランスが非常によく」、「下値が強固で、アップサイドに夢があり」、「期待値のある投資先」と言える。個人投資家はボラティリティの大きさから新興市場を好む傾向にある。その姿勢自体は否定しないが、無謀な投資は投機となり得る。

あくまで方法論の1つであるが、今一度、株式の原点である「業績」と「テーマ」に注目すると堅実な投資になるのではないだろうか。

ジェノバ

ティッカーシンボル
5570
セクター
情報・通信

2002年1月に設立し、2023年4月に上場したばかりの企業である。同社は独自の仮想基準点という方式で測量を行うことにより、高精度な測量を可能にし、この技術を活用した位置情報配信サービスの提供がメインの事業となる。

日立産機システムと資本提携を行っていることで、若い会社でありながら安定した収益構造を構築している点が大きな特徴だ。

推奨する点は2つ。1つ目は同社が実施している衛星測量の分野は、今後大きく成長が期待されるさまざまなジャンルの企業で採用されている点だ。特に土地家屋の調査やスマート農業、ドローンは注目である。ドローンという先端技術から農業という第一次産業に至るまで幅広い分野の成長の恩恵を受ける点は将来の安定的な成長に寄与することだろう。

また、それらの企業に採用されるには、同社の製品が他社に比較して強い優位性を保持することは必要不可欠である。衛星測量の分野の中においても同社が実現しているセンチメートル単位の高精度な測量は高く評価されているため、その点も魅力的に映る。

2点目は上場から4カ月の「値動き」である。株式市場にはロックアップというルールが存在する。簡単に言えば、上場後から株式を買い付けする投資家が不利益を被らないように、一般的には180日という期間を設定。未上場から保有する投資家の売りを制限するというものである。つまり、半年間については大口の売りは出にくいものの、期日到来後は巨大な売り手が参加することで、需給面から売り圧力に晒されやすい。それらを見越して、上場後半年間は取引を控える投資家も多いので、上場数日間を高値に下落が続く銘柄が多いのがＩＰＯ銘柄の特徴だ。

　同社の株価についてもまさにその定例通りに推移している。

　ここで大切なのがロックアップ期間を経過してから、上昇に転ずるのか、引き続き下落基調が続くかという点だ。マクロ環境とその企業の自力が問われるわけであるが、同社は前者であると予測できる。２０２３年10月にロックアップ期間を迎えたのち、年末から年始、夏ごろにかけて同社の切り返しを期待している。これらのことを踏まえて、タイミングを見計らって安値を拾う戦略がいいだろう。

DATA

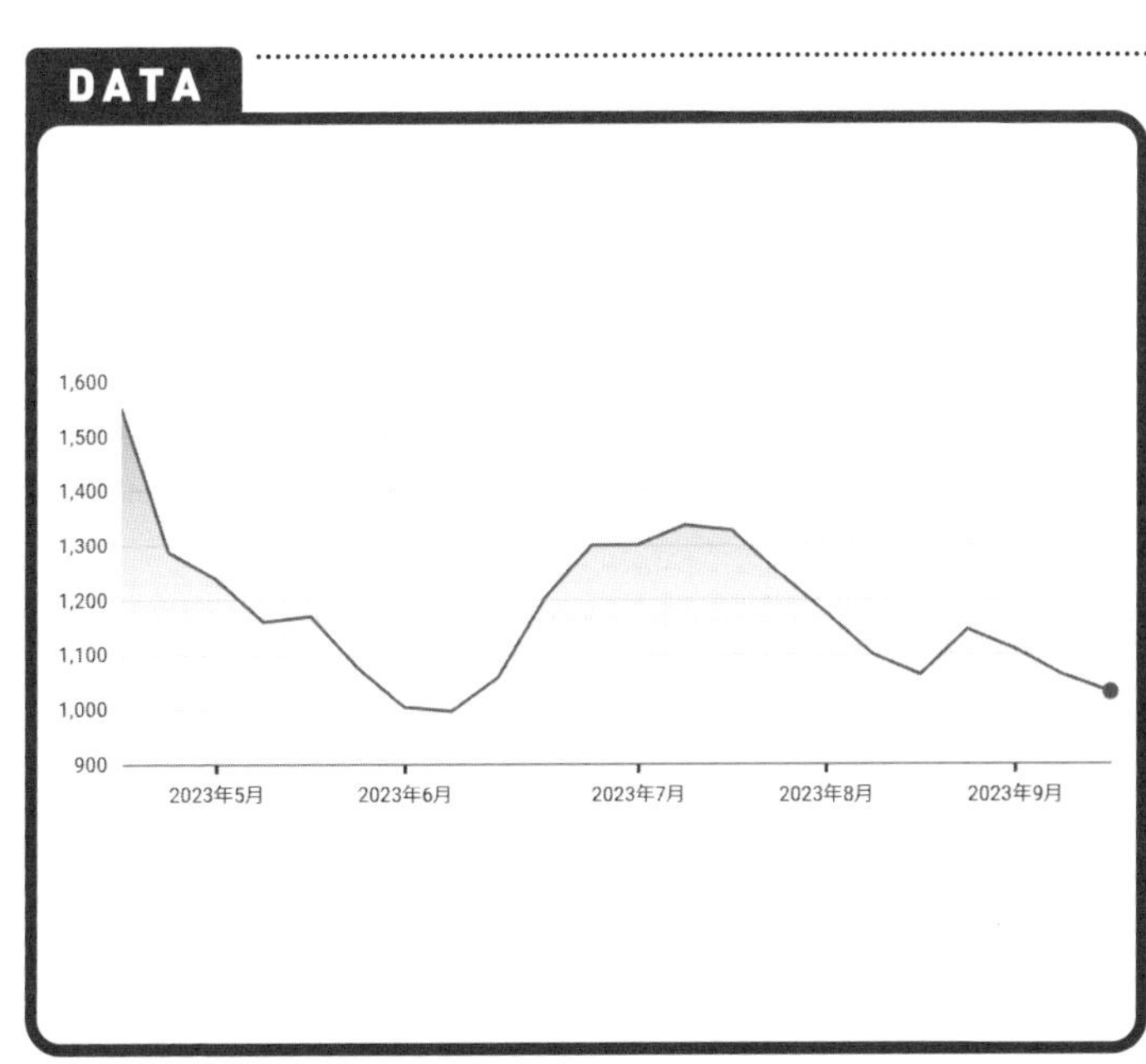

芝浦メカトロニクス

ティッカーシンボル
6590
セクター
電気機器

芝浦メカトロニクスは長年にわたり、FPD（＝フラットパネルディスプレイ）の各工程向けに製造装置を展開している企業だ。

この分野の主要サプライヤーとして、大きな存在感を誇っているが、2017年の中期経営計画以降、SPE（半導体製造装置）分野への強化を前面に打ち出した。

2022年の中期経営計画ではGNT（＝グローバルニッチトップ）製品と位置付ける各装置群が売上高を大きく拡大し、22年度のSPE分野売上高は20年度の2・2倍となる415億まで拡大した。

約5年間の推移では株価が堅調な売上高に呼応する形で、5倍程度の大きな上昇を記録している。これだけ上昇していると、なかなか手を出しづらくなってしまうのが投資家心理。だが、同社が見据える長期ビジョンからすると、まだまだ成長段階である。

10年後を見据えた長期ビジョン「芝浦ビジョン2033」では期間内に売上高1000億以上、ROS20％を掲げている。売上高600億円の現在からすれば約1・6倍のギャップが存在する。

加えて、今後も主役となるであろう、GNT製品の中でもさらに注目しているのが凍結洗浄技術を適用した洗浄装置「ARTS」だ。最先端のマスク洗浄向け差異化技術として開発中の装置で、24年1月にリリース予定である。24年半ばに市場に投入予定の高生産性を実現した枚葉式リン酸エッチング装置の新製品もメモリー関連向けに拡販が期待できるだろう。

足元では既存製品が絶好調であるのに、拡販が期待できる新製品が続々と投入予定と抜かりない。本気で経営目標を実現しようとする経営陣のスタイルも非常に評価できる。

私は密かに第二のレーザーテックになるかもしれないと期待を込めている。

確かに現状ではレーザーテック社の経常利益は6倍。到底並列にできない。しかし、時価総額で見ればレーザーテックが2兆400億円（最高値時は約3・3兆円）に対し、芝浦はたった1000億である。この時価総額の差は「規模の差」ではあるが、芝浦メカトロニクスの上昇の可能性でもある。

高値圏で3カ月ほど横ばいが続いている現在の水準は、長い目線で見ればあくまで通過点と言えるだろう。

DATA

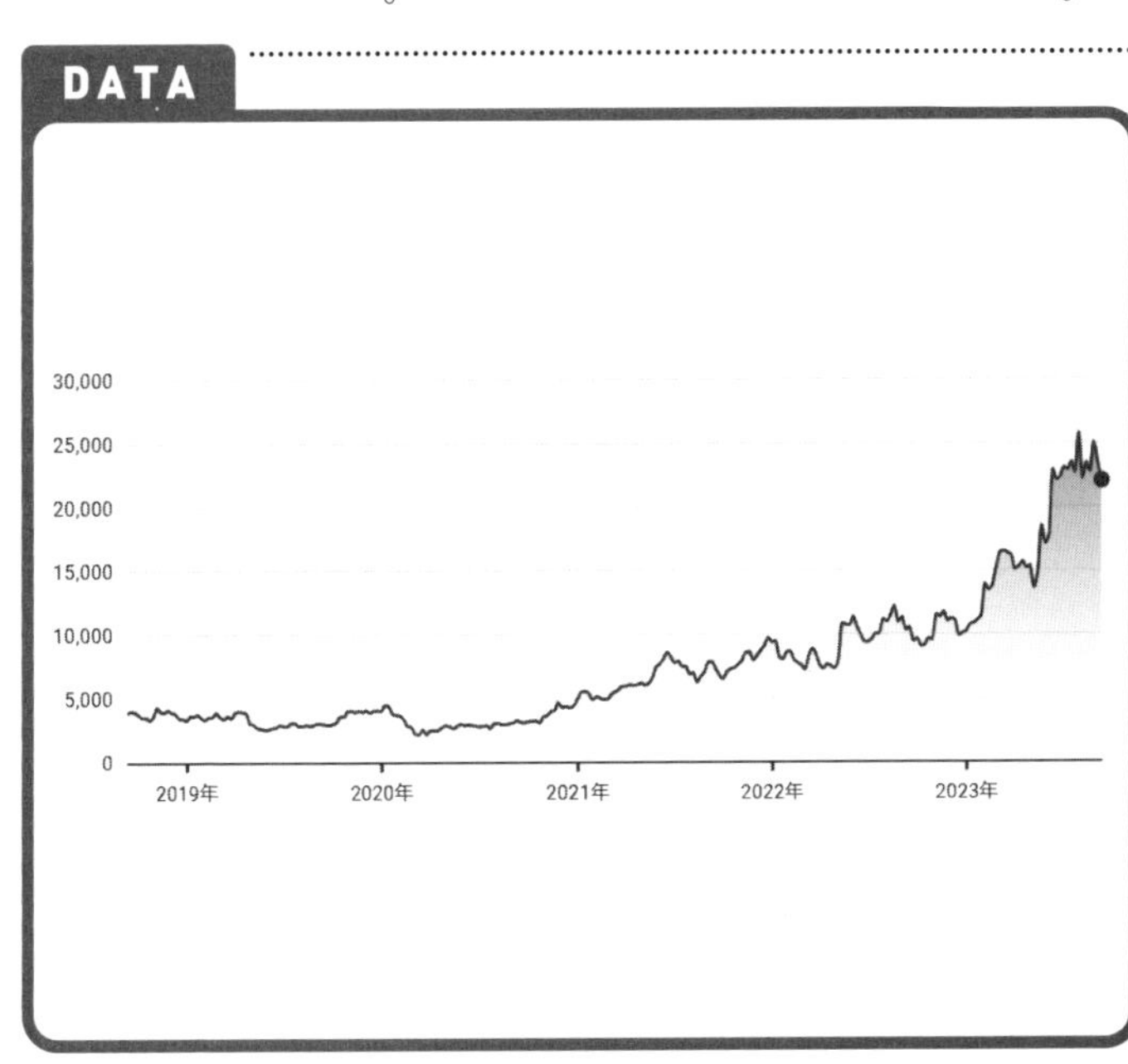

ブリヂストン

ティッカーシンボル
5108
セクター
ゴム製品

言わずと知れた世界最大手のタイヤメーカー。2005年にミシュランを抜いて世界シェアトップに躍り出ている。国内のタイヤ事業の比率は2割程度で、タイヤ事業の売り上げの8割は海外という、日本では数少ない業界を牽引するグローバル企業だ。

しかし、タイヤという分野においては、お世辞にも高い成長が見込めるとは言えない。成長事業ではなく成熟した事業であるため、株価としても熱を帯びづらいだろう。

そのことは安定性に富んだ業界と言い換えることができる。

自動車業界は、多くのメーカーがしのぎを削っており、昨今でも電気自動車、自動運転、大衆車、高級車等、メーカーによって注力分野も異なるが、どの自動車もタイヤは必要不可欠だ。

同社は安泰と言っていいだろう。

コロナによる巣ごもり、半導体不足によって自動車業界が落ち込んだ2020年以外は2012年以降連続増配を続けている。現在も3％前後の配当を出しており、そのインカムゲインも長期投資に相応しい魅力の一つだ。

また株価にとってやはり業界ナンバーワンは非常に強い要素だ。前述したようにイノベーションという言葉はやや遠い存在であるため、株価が劇的に上昇することは恐らくない。だが、下がった局面を丁寧に拾っていく銘柄としては非常に優良な投資先だ。

例えば、ITバブル崩壊時の2000年、リーマン・ショック時の2008年、コロナショック時の2020年等は典型的な買い場であった。

いずれも全体相場の大きな下落に連れて、同社の株価も大きく値を切り下げたわけだが、その後は見事に大きく切り返している。

その裏付けが「非イノベーション」だ。現代社会において自動車の需要は一時的な落ち込みがあっても、その需要自体がなくなることはない。むしろ新興国においてはさらに需要が旺盛になっていくだろう。

最後に結論を申し上げると、同社は世界経済の影響を受けやすく、それに準じて業績と株価は上下するが、景気は循環するものだ。好景気・不景気いずれにおいてもずっと続くことはない。つまり、繰り返しになるが、業績・株価が落ち込んだ時に拾い、配当を享受しつつ、資金が入り用になるまで保有し続けるスタンスでの投資をお勧めしたい銘柄だ。

DATA

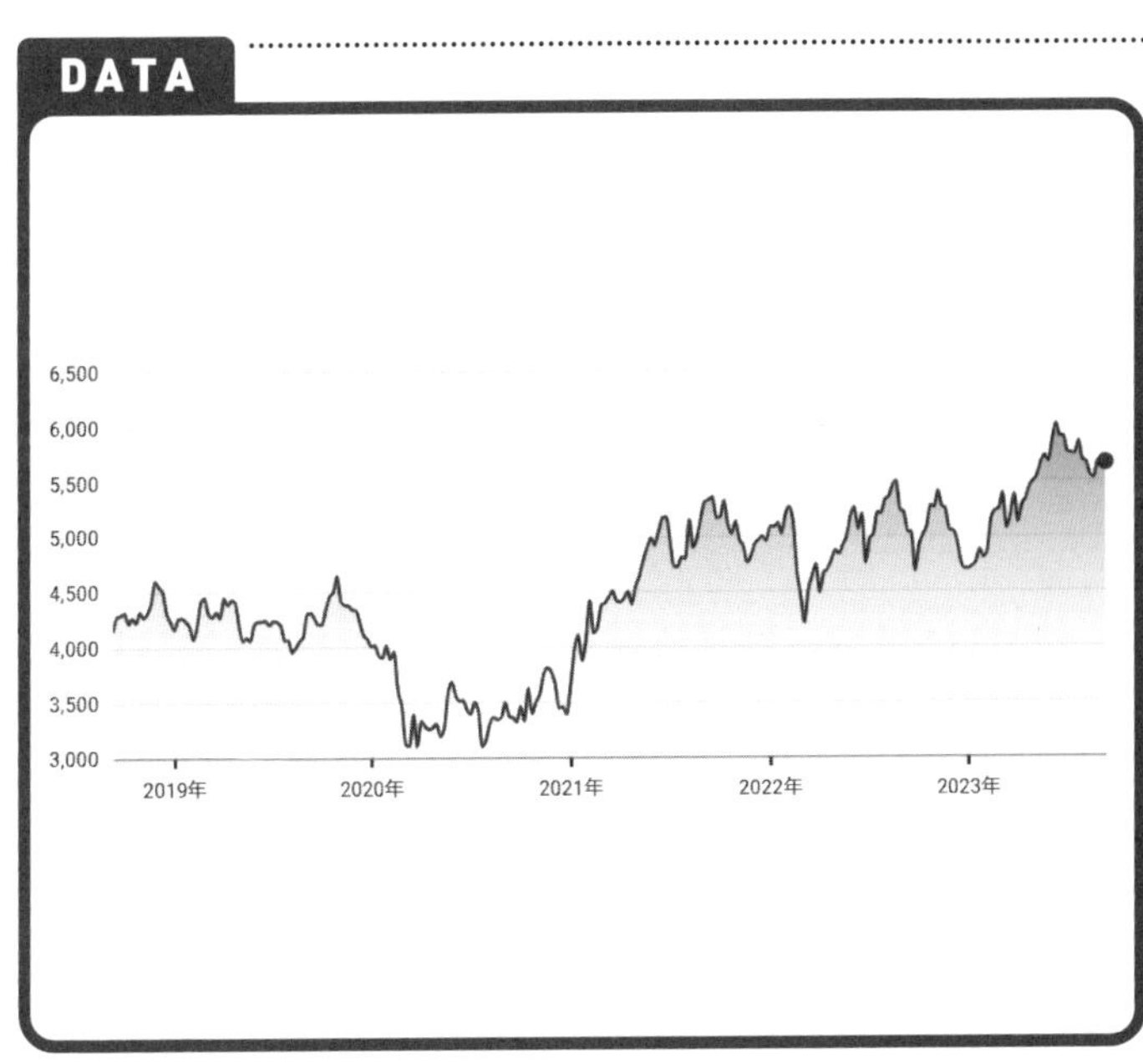

ダイキン工業

ティッカーシンボル

6367

セクター

機械

エアコン、空調といえばダイキン。実際に同社は世界トップの企業として日本が世界に誇る企業の一つ。気候変動の影響か例年猛暑に見舞われる日本においては、今後もエアコンの需要は大いに増すことだろう。

また、消費電力を抑えたエアコンの開発にも抜かりがない。特筆すべきは、電気自動車のエアコンに使う省エネ性能の高い冷媒を開発している点だ。エアコンの電力を大幅に減らし、EVの航続距離を最大5割伸ばせる技術で2025年をめどに実用化される模様だ。

運輸部門の温暖化ガス排出削減にもつながるため、今後株価上昇に期待できる。これが、普及すれば株価は劇的な変化を見せ、同社の株価は次のステージへと導く公算が高い。

配当は1％に満たないため、インカムはさほど期待できないものの、指標面での割高感もない。海外売上比率が高く、M＆Aも積極的に展開しており、そうした中でも流動比率は高く財務状況は極めて良好だ。企業として非常に体力もある。

2020年、コロナによる業績悪化を織り込み、その後も安定した業績に呼応するように株価は順調に上昇。今夏株価は大きく調整した。

2023年7月2日には、日経新聞はアメリカでヒートポンプ空調特需が起こる予測を報じた。その記事中でダイキンへの波及が触れられたのである。

しかし、蓋を開けてみれば、売上前年同期比+13%、営業利益+9・3%と悪い決算ではなかったが、期待値が高すぎた。金利高で米国で個人向けエアコンの販売が落ち込み、補助金終了に伴う欧州でのヒートポンプ暖房の販売落ち込みも要因とされている。

しかし、これはちょうどいい調整局面と捉えていい。2023年6月26日につけた3万1330円を高値に、2万6000円台まで下落しているわけだが、長期投資先としては銘柄もタイミングももってこいだ。私は、かなりの確率で上場来高値である3万1330円を更新すると予測する。時間軸は予測しきれないが、20%のアップサイドはかなり魅力的だ。

世界は今後も、エアコンといえば安心安定のダイキンを選ぶ。これは世界シェアトップの特権と言える。気候変動という人類にとって好ましくない現象さえ同社にとっては追い風になるだろう。

DATA

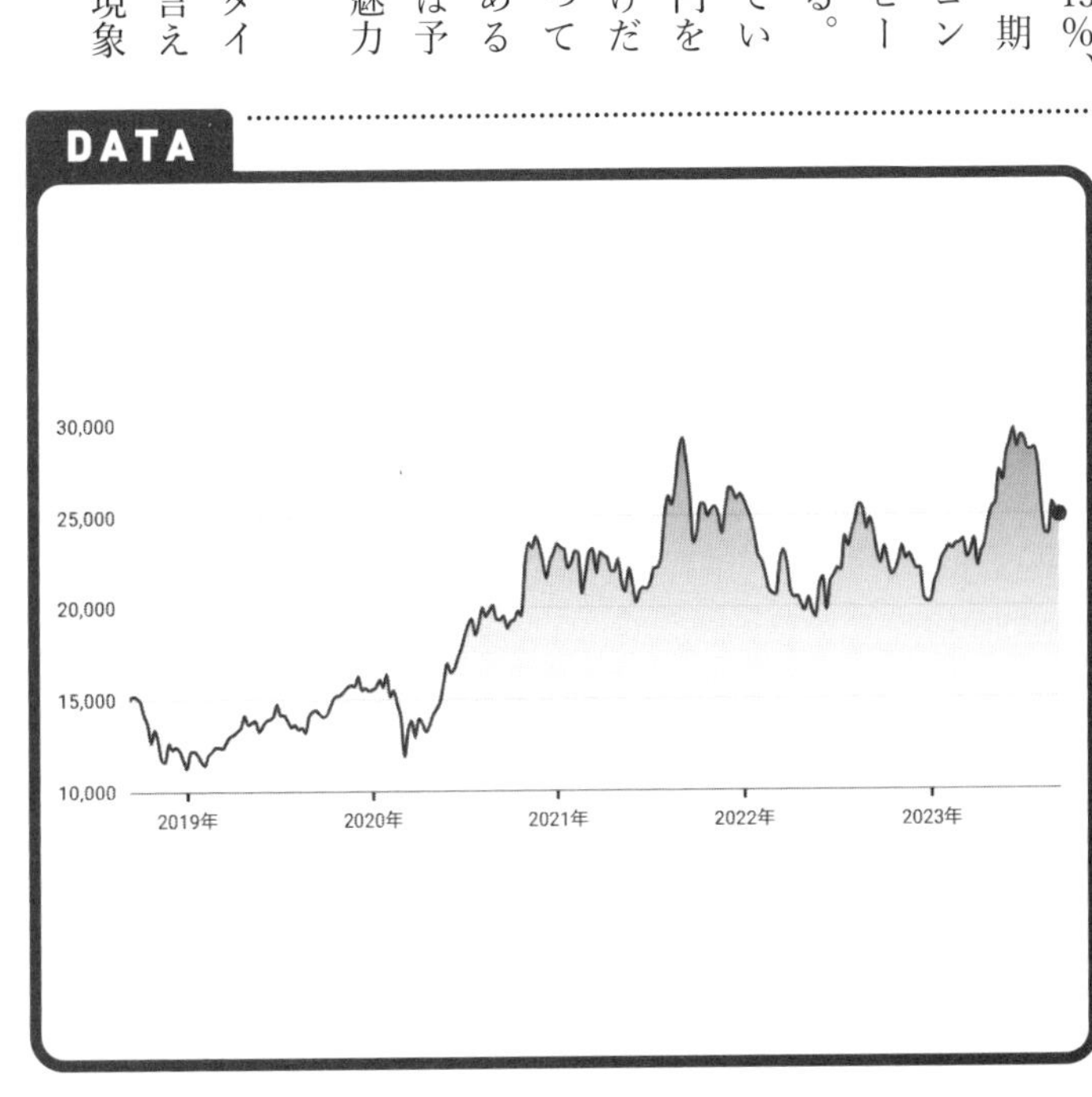

オキサイド

ティッカーシンボル
6521
セクター
電気機器

　オキサイドは、山梨県に本社を置く光学関連製品メーカーだ。2000年山梨県北巨摩郡にて、国立研究開発法人物資・材料研究機構の研究者だった古川保典氏が設立。光学単結晶や光デバイス、レーザー光源、光計測装置などの光学関連製品の開発や販売を手掛ける。

　社名の由来でもある「酸化物単結晶」を用いた製品は、半導体や医療、バイオ分野等さまざまな領域で採用されている。中でも半導体製造における検査装置の単結晶の半導体事業では、世界シェアの95%以上を占める。半導体検査装置と言われると多くの投資家がレーザーテックの名を浮かべるが、単結晶がなければ適切な検査を行うことができない。つまり、かなりニッチではあるが必要不可欠な部品のハイシェアを保持する、なくてはならない企業なのだ。

　SiC単結晶ウエハ国内生産体制の構築及び、パワー半導体市場におけるSiC比率の拡大が同社の追い風となるだろう。

　現在はパワー半導体全体で2兆2137億円の市場規模に対し、SiC比率はたった5％の1206億円だ。しかし、2030年には全体で4兆3118億円へ増加が見込まれていて、SiC比率は18%、9694億円と8倍の拡大が予測されている。同社が力を入れるSiC単結晶という新領域は大きな成長が期待できる。

　ヘルスケア領域では23年2月期より、頭部PET

用シンチレータ単結晶の売り上げが立ち始めている。２０２３年1月にはエーザイとバイオジェンが共同開発したアルツハイマー型認知症の治療薬が米国当局より承認されたニュースが話題となったが、治療薬の普及とともに頭部PET検査装置が必要不可欠なる。

また、２０２３年1月13日に発表されたRaicol Crystals Ltd.社（イスラエル）の子会社化は将来の多角的な事業成長に大きな効力を発揮することだろう。このことでRaicol社が優位性を持つ、「宇宙・防衛」「美容」「エネルギー」が追加される。

株価としては、２０２１年4月以降、上場来高値を更新できない展開が続いているが、堅実かつ夢のある成長シナリオは時間と共に評価されていくことだろう。本格的な上昇は数年程度かかると予測するが、長期で大きなリターンを求める方にお勧めしたい銘柄だ。

DATA

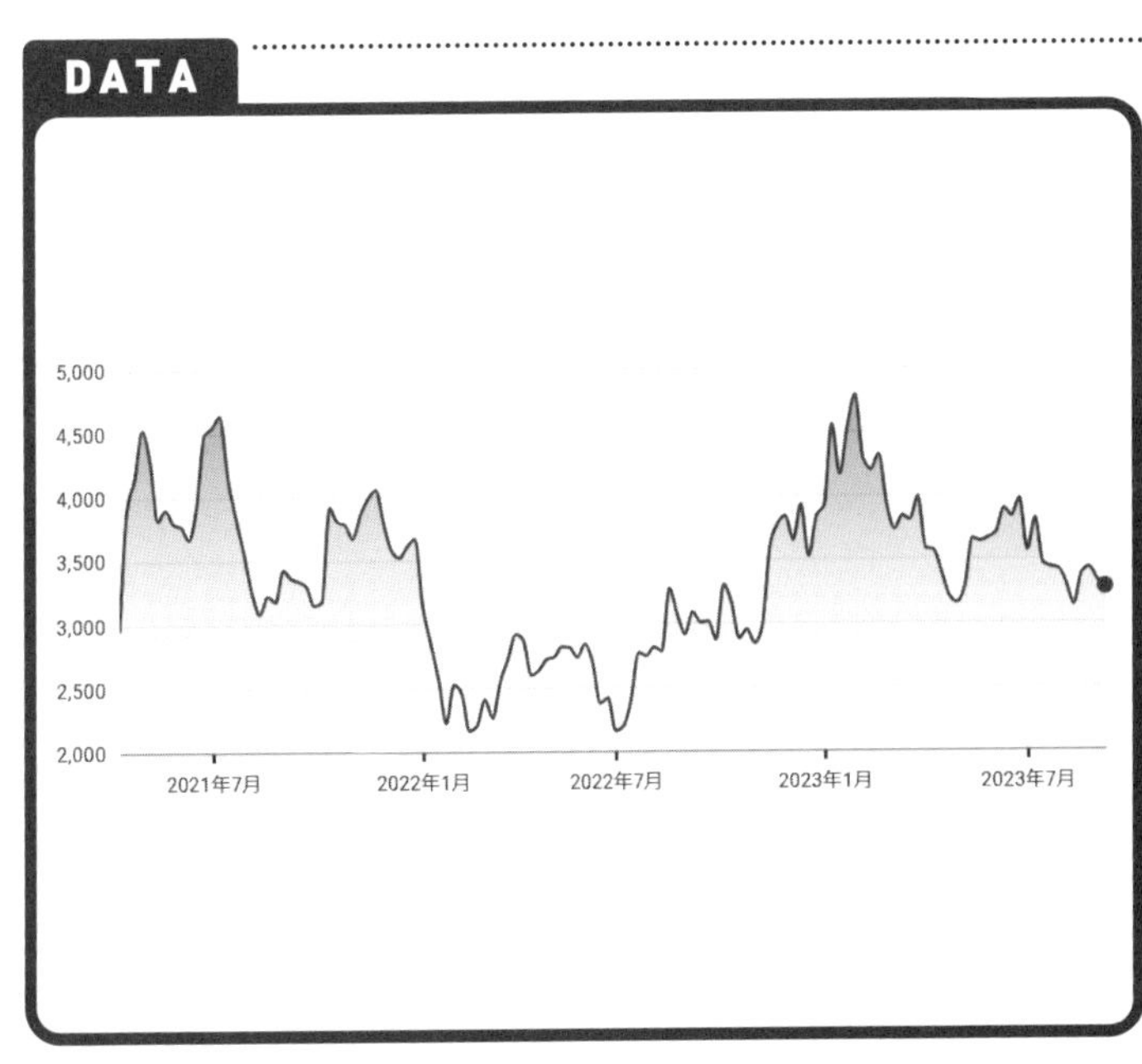

NVIDIA

ローマは一日にして成らず～有望な大型株は総悲観でこそ、最高のパフォーマンスを発揮する

創業者兼最高経営責任者であるジェン・スン・ファンは、NVIDIAが「ゲーム、デザイン、HPC、AI、自動運転車」の「全てにおいて優れた戦略的立場を持っている」と話している。

この言葉通り、同社の半導体はその多くの市場を席巻し続けた。

2022年の8－10月の四半期の決算では売上高60億ドル前後まで落ち込んだものの、2023年の2－4月期の売上高は110億ドルまで伸ばした。ついにNVIDIAは時価総額1兆ドルクラブ入りを果たし、名実ともにGAFAと肩を並べたと言っていいだろう。

これだけの時価総額を誇る企業となると、ヘッジファンドのポジショニングが株価を下支えする。インデックスへの寄与度も大きくなれば、ヘッジファンドの多くは持たざるリスクを考慮せねばならない。つまり、同社株を保有しなければインデックスに対してのパフォーマンスを落としてしまうため、must buy & mustn't sell（買わなきゃ損、売ったら損）という構図が

できる。GAFAが崩れないのもこれが大きな要因と言えるだろう。

故にNVIDIAを含めた大型株については「総悲観は買い」なのである。

余談にはなるが、大きく上昇している半導体企業はまだ買っていいのかという質問が多く寄せられる。その答えはYesなのだが、せっかくの機会なので、その取り組み方にも少し触れたい。

半導体セクターは今後のさらなる発展に必要不可欠であり、その絶対数は確実に増加し続ける。つまり将来性で言えば、常に買いなのだ。しかし、3年から5年のスパンで需要と供給が交差する半導体サイクルが存在し、株価はその影響を大きく受ける。それを考慮した上でポジションを取るのであれば、この高値も保有しつつ「下がったら買い」を常に続けていくことが正攻法なセクターであろう。

私は巨大資本を投下できる人を除き、全くナンピンを推奨しないが、同セクターには有効な方法だ。

また、株式投資は面白いもので、強く上昇すると、もうこの値段で買えないと焦って買ってしまい、一方で大きく下落するともっと下がるのではと手を出すことができない。NVIDIAで言えば、今これだけ同社を強気に見ている投資家も100ドル割れの際は、手を出すことができなかったわけであり、それが全てを物語っているだろう。

しかし、将来の成長性が約束されているのであれば、周りが悲観しているタイミングで目を瞑って買った人が最終的にお宝ポジションを手にする。それを行うことのできる唯一無二のセクターが半導体ではないだろうか。

ただし、半導体関連株については「半導体セクター」という単一的な視点で見てしまうと痛い目にあうだろう。半導体といえども多くの種類・役割が存在し、各企業がどの分野でどれだけのシェアを持ち、成長性があるかは千差万別だ。

例えば同じCPU業界であっても巨人、インテルが堅いことは間違いないが、「成長性」という点ではRyzenを開発し続けているAMDの方が投資については「有効」ということになる。半導体銘柄を選別する時には「半導体」という部材だけから見るのではなく、「どこの企業が・どの製品を・どのように・どれだけの成長性とシェアで取り組んでいるか」の視点を付け加えて見てもらいたい。

NETFLIX

期待感が強かったが故のこれぞ逆張り。ネットフリックスだからこそ買いであった

アメリカのインフレやコロナ相場の終焉により、同社も悩まされたことだろう。しかし、2023年の4－6月期の決算では約580万人の会員増を実現し、2024年から業績も大幅改善し、株価も400ドル台を維持している。

背景には、マイクロソフトとの協業による広告付き低額プラン導入の影響が大きい。会員数と共に株価もあるべき水準に回帰した格好だ。ただし、この内容は最悪期を「凌いだ」という印象が強い。ただ、最悪シナリオばかりを見ていた当時のマーケットは明らかにオーバーシュート気味であり、同社の株式が回復するのは「最悪期を凌ぐ」だけで十分であった。

奇しくもコロナにより、会員を先取りしてしまったことが株価の足枷となってしまったわけであるが、圧倒的な会員数が同社の強烈な財産であることに変わりはなかった。だからこそ、自信を持って落ちるナイフを推奨できた。

とはいえ、NETFLIX自体は何のイノベーションも創出していない。高値奪回したNVIDIAとは異なり、下げた分の反動止まりであることの証左であろう。今後高値奪回のカギとなるのは同社のブルーオーシャン戦略が必要なのかもしれない。

前著で私がピックアップした米国株の多くは王道銘柄だ。知る人ぞ知る、面白みある銘柄を出したいとの下心はあったが、同年のアメリカは未曽有の金融緩和から金融引き締めへと政策の大転換だったことや、ロシアによるウクライナ侵攻の問題もあり、株式市場は冷え切っていた。当時ほとんどの株価は大きく下落していた。

しかし、その下落を跳ね返し大きく株価は転換した。株式市場において王者は簡単には死なない。したがって王道銘柄であっても十二分な利益が出せるとの自負があった。

ＮＶＩＤＩＡとＮＥＴＦＬＩＸの２銘柄は、それぞれＧＰＵ市場と動画配信ストリーミング市場の王者である。王朝には、王者が築き上げてきたレガシーが存在する。その牙城は簡単には崩すことができず、七転八倒を繰り返しながら、その礎をより強固なものにして現在のポールポジションを確立している。

一部では、米国株銘柄が王道で味気ないとのご意見があったが、あのタイミングだからこそ、王道な大型株だったのである。「大きなリターンは大きなリスクの伴う小型株でないと実現することができない」という定説を覆すいい例となったのではないだろうか。

２０２３年からのインデックス積み立て戦略

コロナ禍が投資ブームを巻き起こした。もともと２０１９年に金融庁が漏らした「老後２０００万円問題」や、社会保障費問題をきっかけに将来の資産は自ら確保しなければならないという機運は高まっていた。

そこにコロナ相場という大相場が株式運用への第一歩を後押しした流れだ。

２０２３年３月にはＳＢＩ証券が国内初となる証券総合口座１０００万口座を達成し話題となった。特筆すべきは新規口座開設のうち、株式投資未経験者が80％超で20代・30代の若年層が過半を占める点だ。若年層の個人投資家を中心に、その裾野は大きな広がりをみせている。

当初、初心者の多くは何を買うべきかわからなかったために、ＹｏｕＴｕｂｅやＳＮＳを参考にする。その結果一時は、ナスダックにレバレッジをかけた商品「レバナス」という長期投資には圧倒的に不向きな商品が拡散。何もわからぬ初心者に大きな損失を与えた。

そこからたった約３年で、積み立て投資はＳ＆Ｐ５００と全米株式、全世界株式を買っておけばいいというところに落ち着いている。

これらは中長期の投資先としては正しい選択肢だ。しかし、果たしてご自身が買い付けている投資先の中身をしっかりと理解しているだろうか。向こう何十年と行うであろう積み立て投資において、ここからは中身の理解が最終的な利益を大きく左右する。読者の皆様には、このコラムを通じてその重要な視点をお伝えしていきたい。

①S&P500の約3割をGAFAM等のメガテックが占めている

多くの投資家が上昇を信じて疑わない、S&P500であるが構成比率を見ると第1位がアップル（7・7%）。以下順にマイクロソフト（6・2%）、アマゾン（3・4%）、エヌビディア（2・9%）、テスラ（2・1%）、メタ・プラットフォームズ（2・0%）、アルファベットA（2・0%）、アルファベットC（1・9%）と続く。

GAFAM＋エヌビディア、テスラで約30%を占めている構成だ。

つまり、S&P「500」とは名ばかりで、構成比率の多くはメガテック企業に依存しており、この指数が上昇するか下落するかもメガテック次第ということになる。

リーマン・ショック以後は、このメガテック銘柄群が常にマーケットの主人公で、相場を牽引してきた。その結果として、2023年6月にはアップルの時価総額は史上初の3兆ドルを突破。GAFAM合計では8兆円に迫るほどに肥大化している。

これは日米の株式市場のパワーとスケールの違いを示しており、米国株が優位と考える論拠だ。

しかし、ここで冷静になり考えてほしいことがある。それはアップル1社で日経平均採用225社の時価総額を超え、GAFAMの合計が日本に上場する全ての会社の時価総額よりも大きいという点だ。先述したように、市場のパワーが桁違いであることがその差を生んでいる側面もあるのだが、さすがに過熱感がありすぎではないだろうか。

あまり知られていない最強のインデックス

日本経済がバブル経済真っ只中だった1980年代、不動産価格は山手線内とアメリカ全土が同等になるほどまでに上昇した。しかも、当時の人々は日々右肩上がりに上昇する価格を論拠に将来の上昇を信じて疑わなかった。

バブルというのは気づかないからバブルなのだ。

ほとんどの市場参加者がＧＡＦＡＭの上昇を確信している点は、まさにバブルとそっくりである。正直なところ、ＧＡＦＡＭがすぐに凋落する姿は想像もつかない。しかし、株式の世界では必ずと言っていいほど栄枯盛衰が存在する。

時価総額上位がＧＡＦＡＭ等のメガテックに置き換わるまで、上位陣にはエクソンモービル、ウォルマート、ＧＥ、ＡＴ&Ｔ、コカ・コーラ、メルク、Ｐ&Ｇ、Ｊ&Ｊなどが名を連ねていた。近年、株式投資を始めた人には想像もつかない構成だ。しかし、逆を言えば当時の市場参加者はウォルマートがアマゾンに取って代わることも、エネルギー、一般消費財など生活の中心にあるこれらの巨大企業が20年後にはトップ10から1社も残っていない未来を想像できなかった。

中長期投資が目指す、何十年後の未来など誰も正確にはわからない。

未来はわからないものの、１つだけ明確に過去10年と大きく違う点が存在する。それは成長率である。10年前までＧＡＦＡＭは強烈な成長企業であった。それに株価も大きく反応したわけであるが、これだけ会社規模が大きくなると同じ成長率は続かない。

ＳＮＳやＹｏｕＴｕｂｅではＳ&Ｐ５００が過去と同様に８％以上の利回りで上昇すると解説するようなアカウントを目にする。しかしその構成比率30％のＧＡＦＡＭの成長速度が過去

10年ほどには成長せず、むしろ減速することを考慮すれば、過去と同じリターンを期待してはいけないのではないだろうか。

では何を買えばいいのかということになるが、私は、

・S&P中型株400指数（ティッカーコード：SPMD）
・S&P小型株600指数ティッカーコード：SPSM）

をお勧めしたい。

推奨する理由は、既にこれだけ大きくなったGAFAMではなく、GAFAMになるかもしれない企業へ投資をしたいからである。

投資というものは、既に大きくなったものではなく、小↓中、中↓大へ成長する過程が最も大きなキャピタルゲインを生み出す。短期投資ではなく、積み立てという長期投資ならなおさらだ。

問題はテクノロジーが進化していくことはわかっていても、具体的にどの企業が覇権を握るのかを読み解くのが難しい点だ。

そこで、S&Pが厳選している中小型株である、S&P中型株400指数とS&P小型株600指数を買い付けすることにより、1000社の世界を大きく変えるかもしれない企業へ間

接的に投資ができる。そしてここにはＧＡＦＡＭの減速リスクは存在しない。「未来はわからないが、テクノロジーは常に進化し栄枯盛衰が必ず存在する」という観点から見ると、最高の投資先ではないだろうか。

最後に、中小型ならではのリスクがあるのではないかという疑問に答えよう。もちろん、一般的には大型株に比べれば高いリターンが望める分、リスクは高くなる。しかし、これは個別株として投資した場合である。両者を保有すれば１０００社への分散投資であり、むしろやりすぎなくらいのリスク分散が図れているのだ。

長期投資という観点ならば、リスクは同等でＳ＆Ｐ５００のリターンを上回る可能性のある優れた投資先だ。ぜひポートフォリオに入れていただきたい。

S&P500神話に陰りが…
米国株

予想シナリオにおけるトレンドや
騰落率を事前に抑え、
その状況に合わせてポジションを
機動的に変化させることが必要不可欠だ

イーライリリー

ティッカーシンボル

LLY

セクター

医療関連

イーライリリーは世界12位の製薬会社だ。PERは160倍前後。ファイザーのPERが約9倍、ジョンソンエンドジョンソンが約25倍ということで、業界大手に比べると若干の割高感は否めない。

たしかにPERは割高か、割安かを判断する指標ではあるが、一方でその銘柄の人気度を計る指標ということもできる。例えば、いくら割安でも投資家が関心を惹く事業内容でなければ、永遠に割安放置のままだ。どんな「指標」にもいえることだが、その指標の一面的な特性だけに固執して「買う」、「買わない」を判断してはならない。PERで割安だから買うというのは安値だ。

高PERは確かに割高を示すが、それだけ投資家が注目している証でもある。そこに高い将来性というロードマップさえ確信できれば業績と共にPERは是正される。

2010年頃、C型肝炎の特効薬を開発したバイオ製薬会社のギリアドサイエンスは当時、割高と言われ続けながらも、現在に至るまで安定的に配当も出し続けている。業種は違うが、アマゾンもAWSで膨大な営業利益を生み出すまで、1000倍台のPERだった。それでも投資家が買い続けたのは、高い将来性というロードマップが割高なPERを打ち消したからである。

現在イーライリリーの配当利回りは約1・8%前後、そして5年連続増配を続けている。しかもその

「5年」で1株利益は2倍以上増加しているのだ。

業績はすこぶる好調である。

2022年には肥満治療薬のチルゼパチドが承認され、2023年1月には血液ガンの細胞増殖抑制をする治療薬のピルトブルチニブが承認。今後は、第3フェーズを迎える抗アルツハイマー治療薬のドナネマブ。アトピー性皮膚炎や喘息などの炎症性疾患の治療薬のレブリキズマブは、2023年内に特許申請予定だ。

肥満治療薬のマンジャロ承認後の業績拡大を期待先行で上昇している側面もあるため、万が一FDAから否認された場合の大きなリスクも孕む。

そうしたネガティブな要素を考慮しても、同社のロードマップや現在までの安定成長と連続増配は今後の投資対象として検討するには十分なファクターを兼ね備えていると言っていいだろう。

DATA

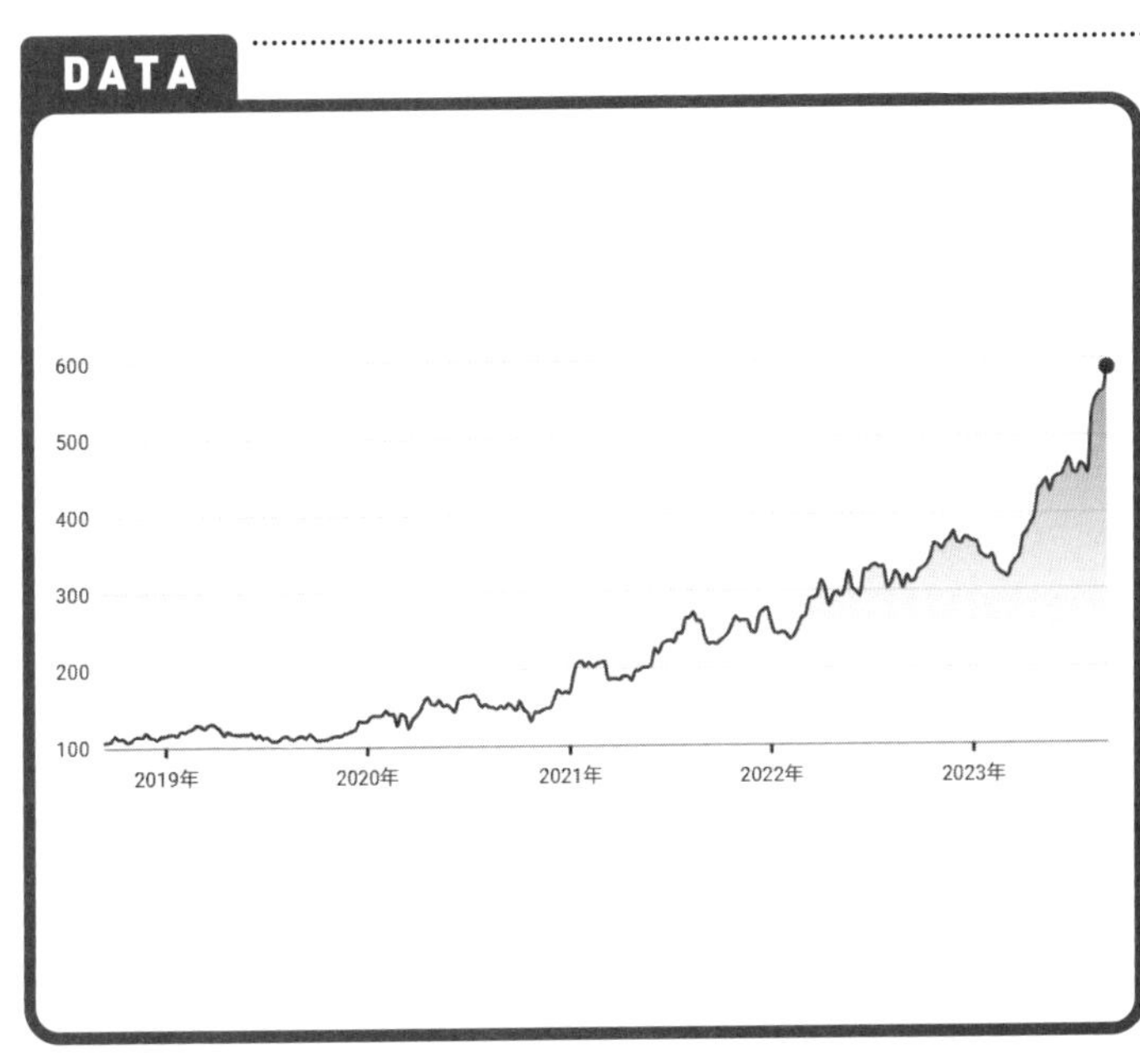

ウォルト・ディズニー

ティッカーシンボル
DIS
セクター
サービス

言わずと知れた米国の総合エンターテインメント企業である。リゾート部門とメディア部門を中心に売り上げを構成する同社ではあるが、現在は3：7程度の割合でメディア部門の売り上げが圧倒的に多い。そのため、しばしばNETFLIXと同業と見なされ、株価も同調することが少なくない。だが、そもそもファンや支持層が異なる。シェアを食い合うライバルではないため、それぞれが独自の成長路線を辿っていることを前提に投資を考えるべきだ。

コロナ禍では、リゾート部門での売り上げが強烈に落ち込んだのは事実。だが、メディア部門での売り上げが大きいためNETFLIXほどではないものの、巣ごもり需要から株価は2倍になった。パークでの収入源をコンテンツで大きくカバーした格好だが、これもファン層が「岩盤」であるからだ。

もはや説明不要ともいえるディズニーキャラクターの人気ぶりは性別、年齢問わず幅広い。それはアメリカ全土にとどまらず、全世界を巻き込むほどの影響力を持つようになった。後にも先にも、これだけの人気を誇り、世代を越えるディズニーキャラクターは、唯一無二、そして永遠の存在と評してもいいだろう。この地位を確立したウォルト・ディズニーは存在そのものが貸借対照表には載らない資産を保有し、今後もその存在感を解き放つ。

NETFLIXは自社コンテンツに出演してもらう役者へのフィーの支払いは超高額である。対してミッキーもミニーもタダで働いてくれるのだ。

この価値は極めて大きいだろう。

さて、同社への投資だが基本的に下がったら買うドルコスト平均法を駆使することで、ほぼ負けることはないのではなかろうか。

アメリカは未曾有のインフレ下にある。2023年現在、コロナ禍で売り上げも伸ばしたメディア部門も苦戦し、一時200ドルを超えた株価は100ドルを割り込んでいる。配当利回り1・5％前後は決して高くないが、ダウにも採用される銘柄。

下がっている時こそ積極的に拾いたい。

オリエンタルランドでもいいのでは？ という声が聞こえてきそうだが、あくまでこの銘柄は長期的な目線で見てほしいので、ドルを保有するという観点で検討すべきだ。なによりメディア部門での売り上げが大きく、同社の成長を加速させるため、キャピタルゲインはオリエンタルランドを凌ぐだろう。

DATA

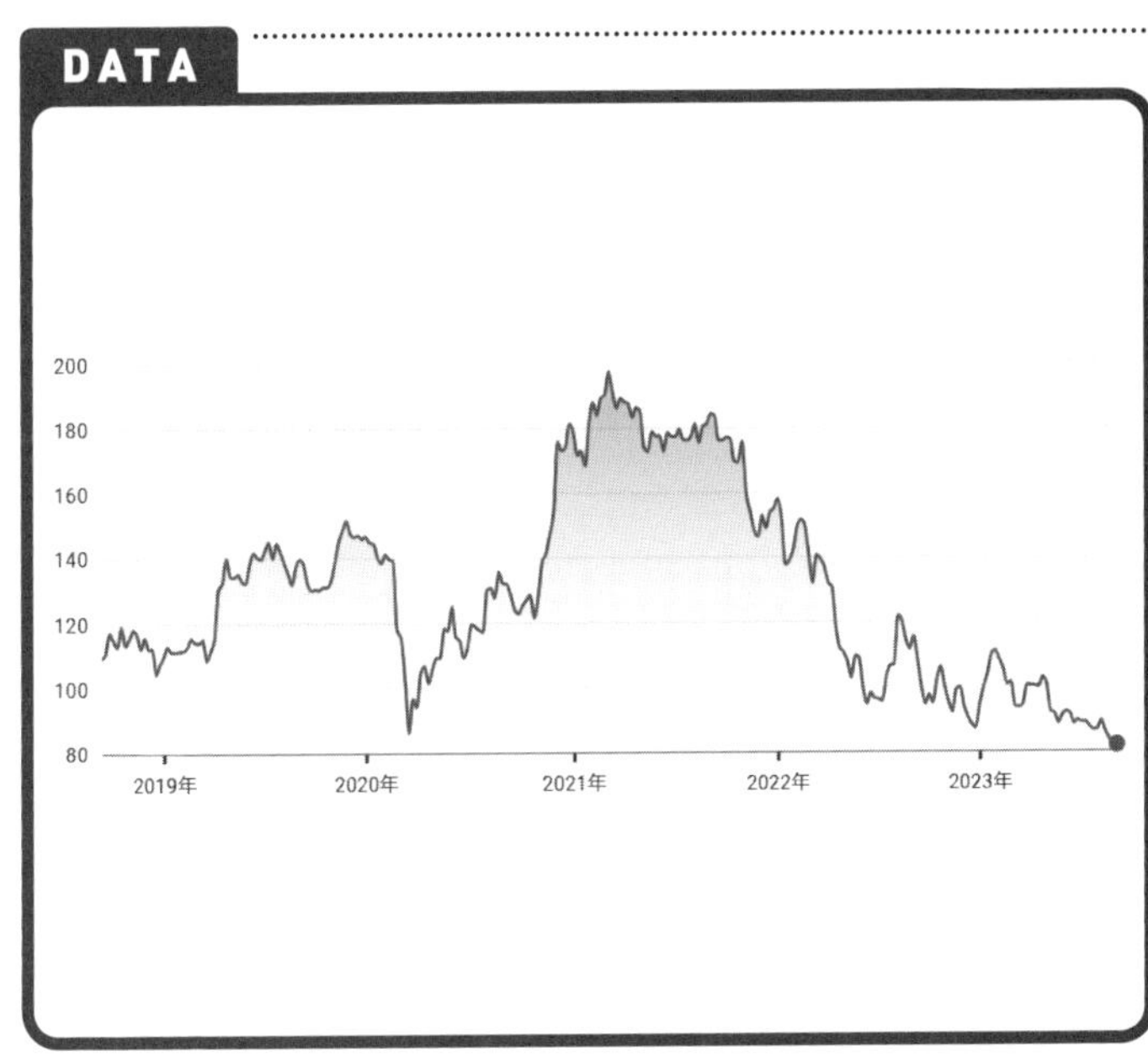

オン・セミコンダクター

ティッカーシンボル

ON

セクター

IT・通信

オン・セミコンダクターは米国の半導体メーカーである。パワーと信号管理、ロジック、ディスクリート及びカスタム・デバイスを提供。自動車、通信、コンピューティング、民生、産業、LED照明、医療、軍事、航空宇宙、電動アプリケーションなど広範な分野に製品を提供する。

同社は、元々モトローラ社の半導体コンポーネント・グループであり、モトローラ社のディスクリート、標準アナログ、標準ロジック・デバイスを継続して製造していた。そして、2010年7月、三洋電機から三洋半導体を買収。現在まで日本市場での存在感を強めている。

NVDAやAMD等のハイテク半導体ではなく、アナログ半導体を主力とし、車載CMOSカメラで世界シェア50%、ADAS向けCMOSカメラで80%の市場シェアを有する。EV自動車の電力効率を向上させるSiC半導体で強みを持っている。

また、VWグループと、次世代電気自動車向けシリコンカーバイド技術に関する戦略的契約に合意し開発能力の強化にも成功している。

ADASの自動化システムは、ヒューマンエラーを最小限に抑えることで、交通事故死者を減らすことが実証されている。事故や衝突を回避するために、ドライバーに問題を警告し、安全装置を作動させ、必要に応じて車両を制御するのだ。同社日本法人代表取締役社長、林孝浩氏は、「ADASの進化に伴って、自動車1台当たりに搭載される当社の半導体の個数も増えてきました。以前は1、2個だったのが今では5個、10個と搭載されています」と話す。

同じようなことがスマートフォンで起こっている。高機能化が進み、多くの半導体サプライヤーの供給個数が増えているのだ。それに順じてメーカーの売上高が伸びたのは周知の事実で、特にブロードコムはその恩恵が大きかったと言われている。通信半導体を供給するブロードコムにとって、3G、4G、5Gと通信速度・容量が大きくなったスマートフォン市場においては非常に強い追い風となったわけだ。

オン・セミコンダクターにおいても、同じロジックで、今後の業績伸長に期待がかかる。2020年は20ドル前後だった株価は今や100ドル前後まで伸びた。それでも時価総額はまだ400億ドル程度だ。オン・セミコンダクターの潜在的な価値は計り知れないと考える。

DATA

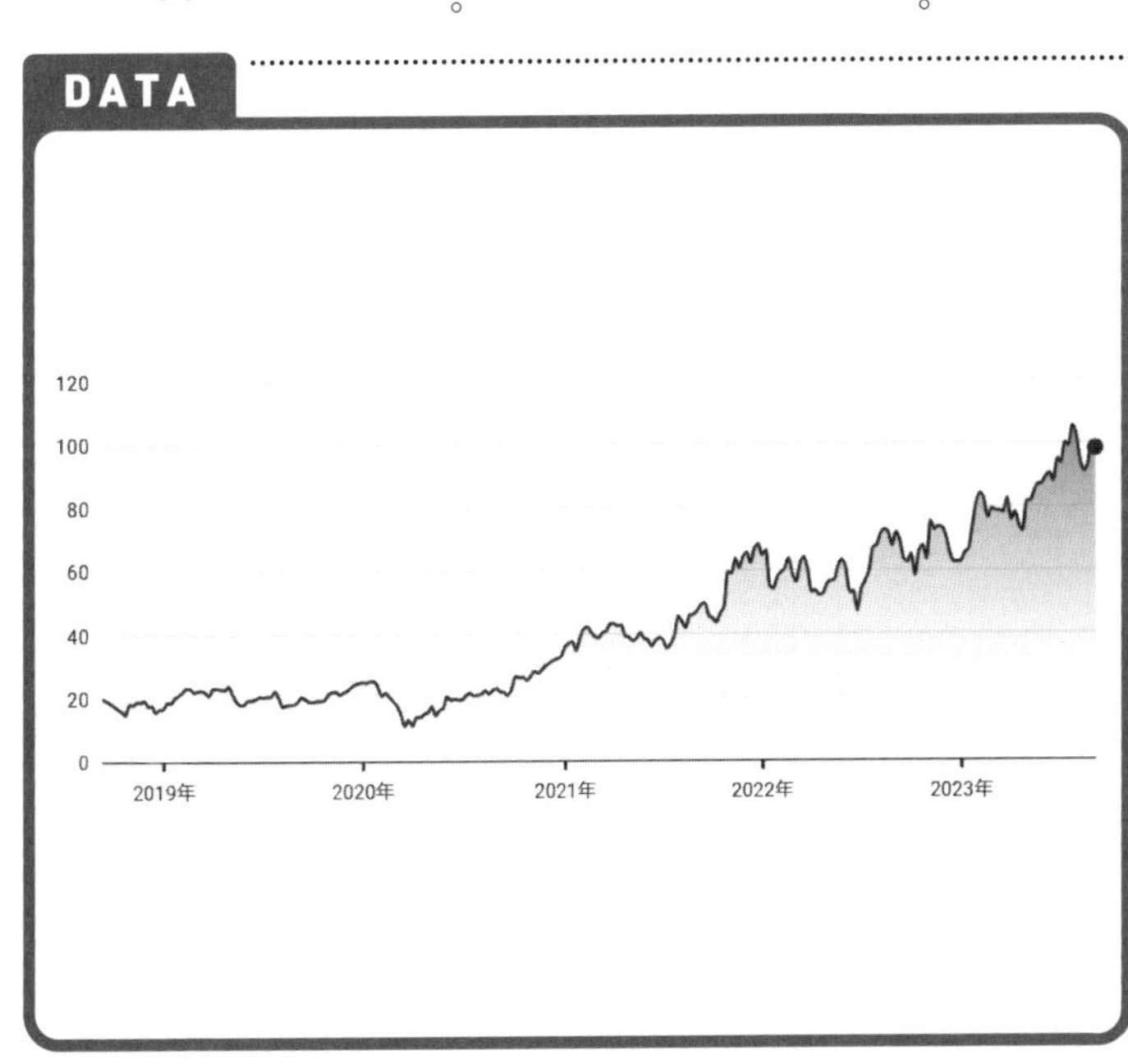

フェラーリ

ティッカーシンボル

RACE

セクター

一般消費財

コロナ禍後の物価高とは無縁の富裕層がいる。フェラーリが顧客層とセグメントしているのは、そうした一部の富裕層のみ。ゆえにコロナ禍やインフレ下でも堅調な株価推移をしてきた。つまり今後も、その安定成長曲線が期待できるということだ。

同社を推奨する理由はやはり世界的な所得格差の拡大である。野村総合研究所の試算によると、2021年の日本の富裕層（純金融資産保有額が1億円以上5億円未満）・超富裕層（同5億円以上）は149万世帯で、その純金融資産総額は364兆円。これはアベノミクスが始まった2013年以降、増加の一途を辿っている。増加の要因はやはり株式や不動産、金などの資産価値上昇によるものだが、コロナ相場も相まって2023年現在、富裕層の資産はさらに増加していることだろう。

この所得格差拡大は日本に限らず、世界の至る所で起こっている。世界全体で見ると、上位1％の富裕層が、世界の個人資産の4割近くを保有しているとも言われているのだ。

そのような富裕層にとって電気代やガソリンの高騰、インフレなどどこ吹く風。常にフェラーリの最高のクライアントであり続ける。

現に2023年上半期の世界新車販売台数は6559台と3年連続で前年実績を上回った。これは先進国だけでなく、中東やアフリカにおいても同様である。これは世界的な格差拡大を表すデータと言えるだろう。格差は今後さらに拡大していくことからも、この理由だけで長期投資先としては外すことのできない銘柄だ。

またフェラーリの価値は希少性に担保される。台数ありきで採算を考え販売台数を決定するのではない。確実に売れる台数を掴み、開発・製造経費を考えて販売価格を決定するという企業戦略がブランド価値を向上させ、希少性を保護する。

合理性とは真逆の生産システムが長い歴史の中で、富裕層を釘付けにし続けているのだ。

信頼は1日で勝ち取ることはできず、長い時間・歴史が信頼を構築する。つまり「フェラーリ」というブランドだけがなせる事業であり、ぽっと出の企業には真似することのできない専売特許ともいえるだろう

ボラティリティは大きくないが、長期資産株としてはもってこいの銘柄である。

DATA

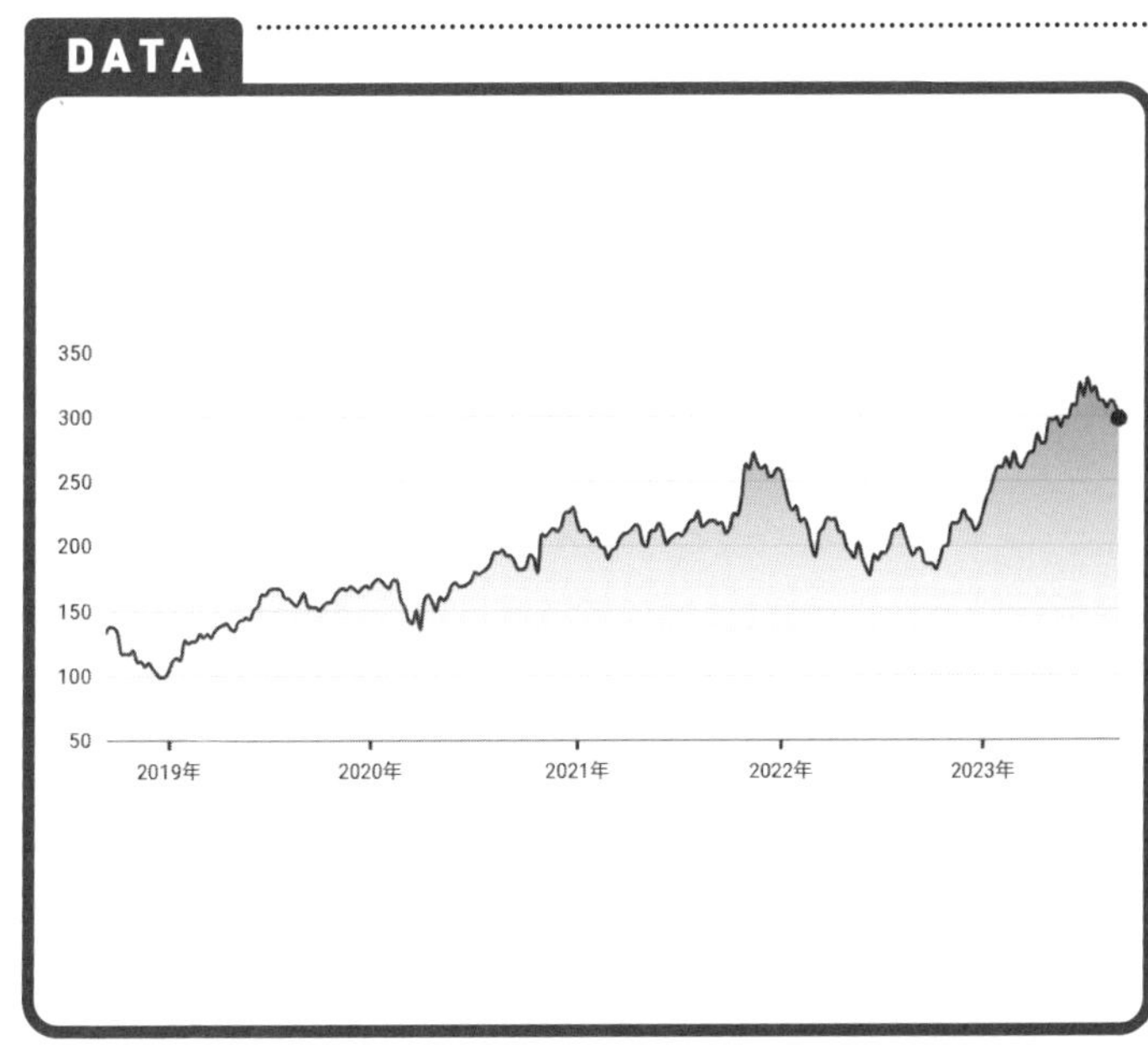

フォメント・エコノミコ・メヒカノ

ティッカーシンボル

FMX

セクター

一般消費財

メキシコが誇る、超優良企業である。

APPLE、AMAZON等のグローバル企業が世界の時価総額を席巻しているのは事実だ。しかし、世界的に見ても内需株の大手がその国の時価総額上位に位置している例は稀ではない。特に新興国はそれが顕著で、中でも、それに該当するものは衣食住に関わるものが圧倒的に多い。理由は単純かつ明確で、需要がなくならないからである。

例えば、わが国においては、NTTやオリエンタルランド等が内需だけで世界の時価総額トップ30前後まで上り詰めた。中国の貴州茅台酒（マオタイ）も同様だ。中国という国の人口と2000年代からの驚異的なGDP成長率に伴う消費の拡大が相まったという背景があるが、基本的に内需の優良企業は安定成長をすることが多い。

フォメント・エコノミコ・メヒカノについても同様のことが言えるだろう。同社はメキシコ・中南米においてコカ・コーラの商標飲料の製造（ボトリング）、販売および流通を行う。宅配・スーパーマーケット・コンビニエンスストア等を通して、コーラ・果汁飲料・コーヒー等の非アルコール飲料を販売している。

さらに小売事業では、メキシコではポピュラーなコンビニエンスストアチェーンOXXOを同国とコロンビアで運営。ビール事業ではハイネケンを販売する。

業績面も年間500億ペソ（約4000億円）ほど伸ばしており、営業利益もインフレで苦しんだ2022年以外は2桁成長を遂げている。

一点気になる点があるとすれば、無配当である点だ。情報が少ないため、なぜ無配なのか、その原因がわからない。

しかし、そうした不透明性を差し引いても、メリットは大きい。メキシコはアジアのような劇的な人口増加があるわけではないが、2020年頃は1・3億人弱。2050年には1・5億人と予想されている。かつ、65歳以上の人口割合も日本が30％弱に対し、メキシコは10％にも満たない。

人口と非高齢者割合は、その国の一つの成長率の「物差し」である。「笑点」のCMにスマホ高利益商品が付かないように、若年層の購買欲は高い。そういった観点から見ても、メキシコにある同社の将来的な安定成長は疑いの余地はないと言えるだろう。

DATA

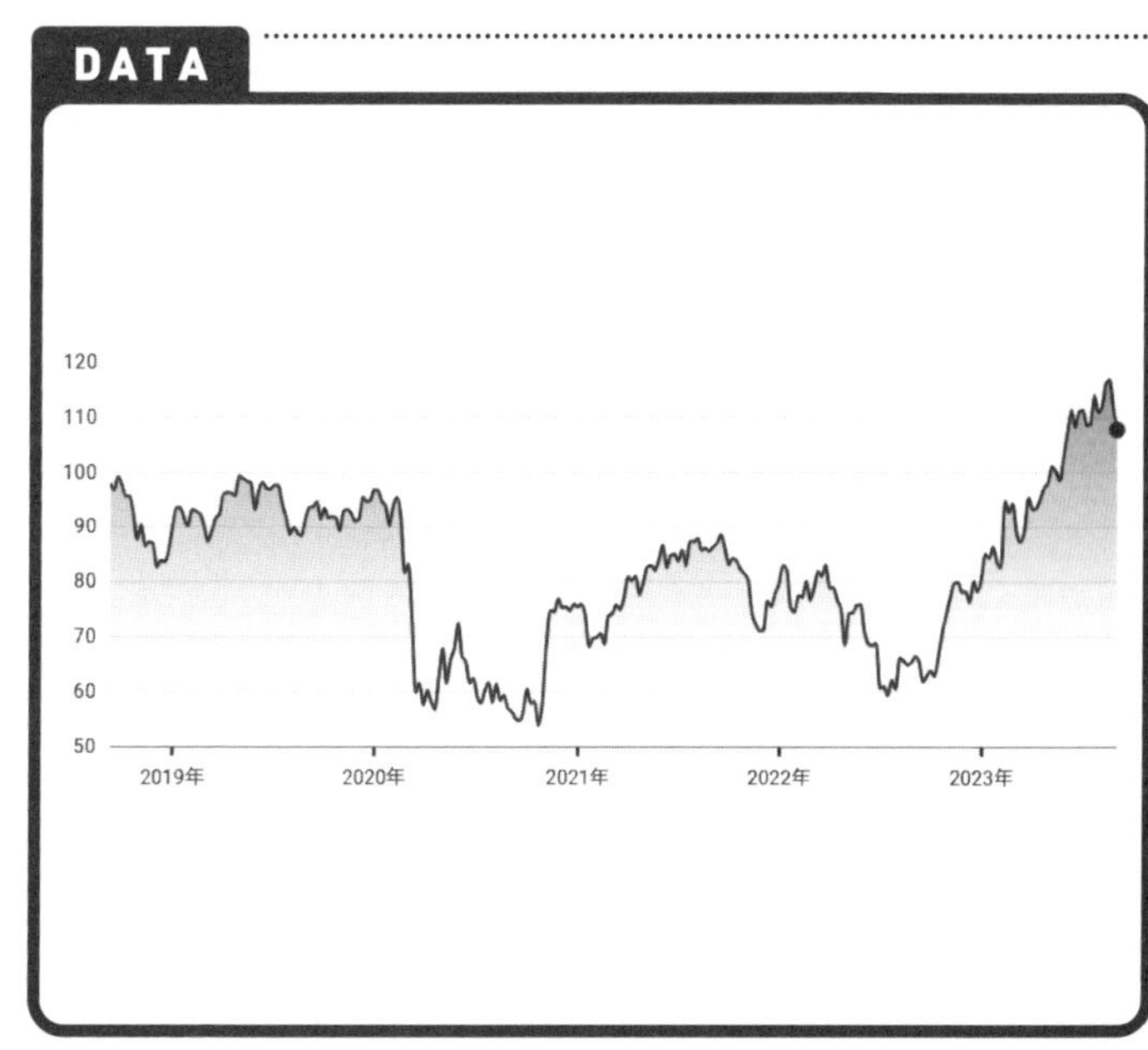

モメンタス

ティッカーシンボル

MNTS

セクター

その他

宇宙産業銘柄である。モメンタスがまだ上場企業として発展途上である点は強調したい。業績の裏付けは一切ないため、その点は十分に留意しながらＢＥＴするべきだ。

モメンタスは米国の宇宙インフラ企業で、宇宙空間での輸送サービスを提供する。小型衛星向けの水冷式プラズマ推進技術を開発。ロケットによる打ち上げサービスを提供する企業と提携し、人工衛星を搭載したシャトルが初期軌道でロケットから放出された後、衛星を目的の軌道まで輸送するラストワンマイルサービスに取り組む。また、ミッションを終えた人工衛星の撤去サービスまで計画している。

２０２２年５月に初のミッションであるVigoride-3を打ち上げ、サードパーティの8つの衛星を軌道に投入した。２０２３年１月打ち上げのVigoride-5ではカリフォルニア工科大学の、２０２３年４月打ち上げのVigoride-6はＮＡＳＡおよび商用顧客向けの衛星投入に成功している。

このように順調にビジネスモデルを構築しているようだが、重くのしかかるのがやはり開発コストだ。年間収益が5億ドルを超えると予測される２０２３年までにキャッシュフローの黒字化を目指している。

実現できたならば、株価の反転を期待していいのではないだろうか。

２０２３年３月に発表した第４Ｑ決算では２１０９万ドルと赤字は縮小した。12万ドルの売上高と発表されているが、果たして２０２３年度がどのような決算になるか――。

投資のタイミングとしては、落ちるナイフには手を出さず、上記の会社目標を達成してからが適切であろう。ひとまず目標を達成したとしてもそれは通過点に過ぎず、将来的にはもっと壮大なビジョンが内在しているからだ。

リターンばかりに目がいき、過度な期待から決算ギャンブルを行うことだけは避けていただきたい。

その意味では同社の株を「即購入する」のではなく、株価を常にチェックすることをお勧めしたい。1ドルに満たない株式であるため、時期尚早の判断は大きなリスクを伴うからだ。

順調に拡大していけば夢のようなアップサイドがある。だからこそ、投資するタイミングは自信が確信に変わってからでも遅くはない。

DATA

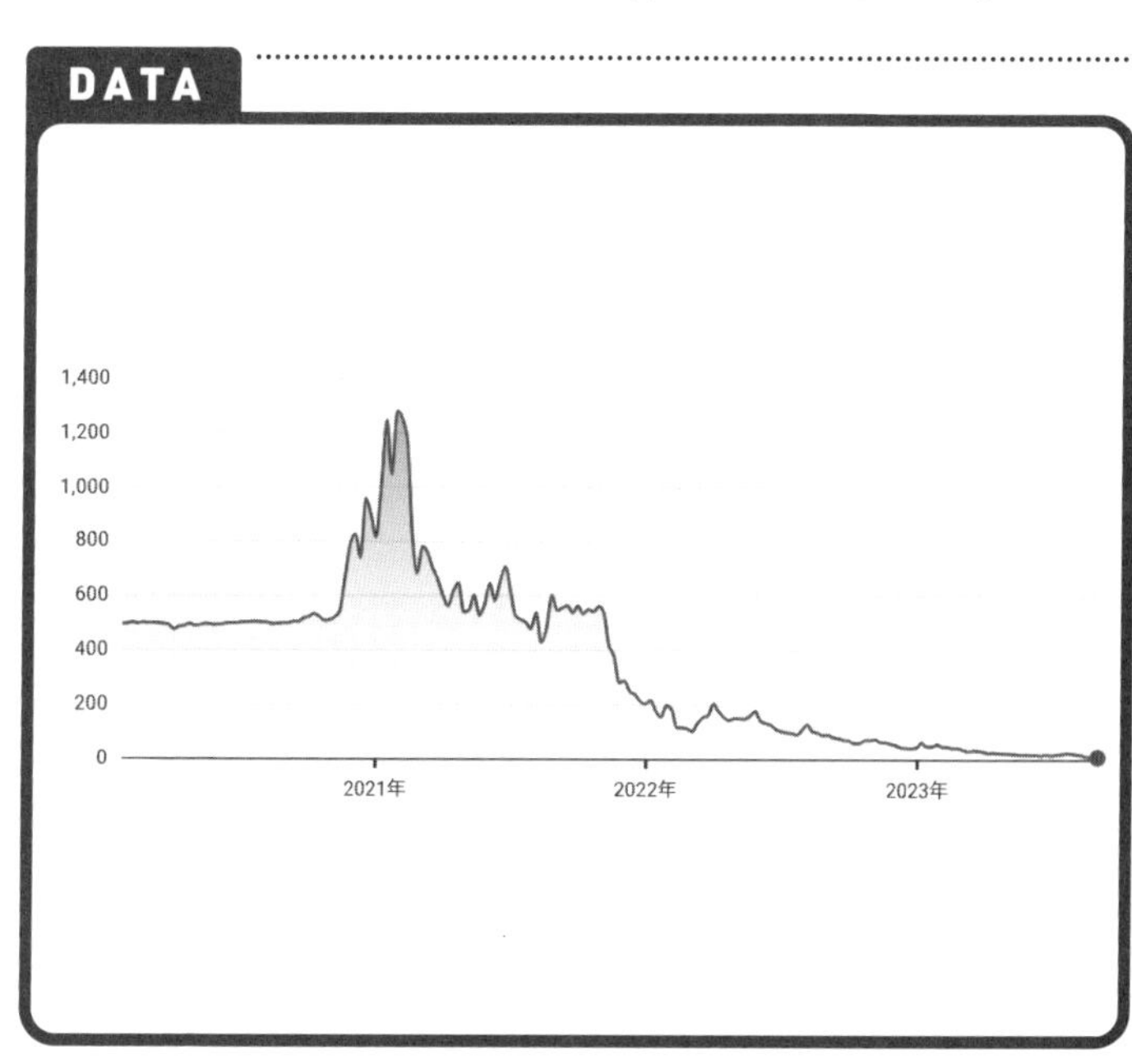

ＫＬＡ

ティッカーシンボル

KLAC

セクター

IT・通信

ＫＬＡは米国の精密機器メーカー。半導体やマイクロ電子機器産業向けに、プロセス制御機器や歩留まり解析システムを製造・販売する。主要製品はウエハー欠陥・異物検査装置、レティクル欠陥検査装置、相互接続検査装置、ＣＤ計測器、光学式オーバレイ計測機器などがある。

日本株の投資経験を有している方なら、「レーザーテック」を一度は耳にしたことがあるだろう。冒頭の事業内容にピンと来なければレーザーテックを思い浮かべていただくとイメージしやすい。

日米が金融相場の真っただ中だった時、アメリカではグロース株を含め多くのハイテク株が上昇。日本では、レーザーテックが連日売買代金トップだった。その結果、レーザーテックは５０００円ほどの株価が３５０００円まで上昇した。アメリカの多くの半導体メーカーが旺盛な需要を背景に上昇する一方で、それにあやかる様な形で上昇したのである。

この株価上昇に業績が付いていったことは否定できない材料ではあるものの、はっきり言って過熱感が大きかった。アメリカのように期待先行で高騰する銘柄や、ＧＡＦＡにように軸になる銘柄がさほど無かったと言えば寂しい現実なのだが、その結果身の丈以上にレーザーテックは上昇したと個人的には解釈している。

コロナを端に始まった金融相場において、ＫＬＡとレーザーテックはその間の売上高に対しての利益率は、むしろＫＬＡの方が上回っている。レーザーテックが前述したような株価推移を辿った一方、ＫＬＡは２００ドル前後が４００ドル前後に上昇した。過熱気味だった、レーザーテックに対し、足元の業績推移通りの株価推移だったといえるだろう。

レーザーテックの初動５０００円からすれば、現在の株価２００００円でも４倍になっているのだが、それほどの期待先行で上昇する価値はあった。多くの半導体が彼らの検査装置を経由するからだ。

こうして、現在遅れてきた特需でＫＬＡの業績は絶好調と言っていい。レーザーテックは需要先喰いで株価は先行して上昇したが、ＫＬＡは買われすぎている様子はない。今でも高値覚えからレーザーテックの上昇を信じて疑わない個人投資家が多いと推測しているが、相場のローテーションを繰り返す。

２０２４年に向かう今はレーザーテックではなく、ＫＬＡの時代だろう。

DATA

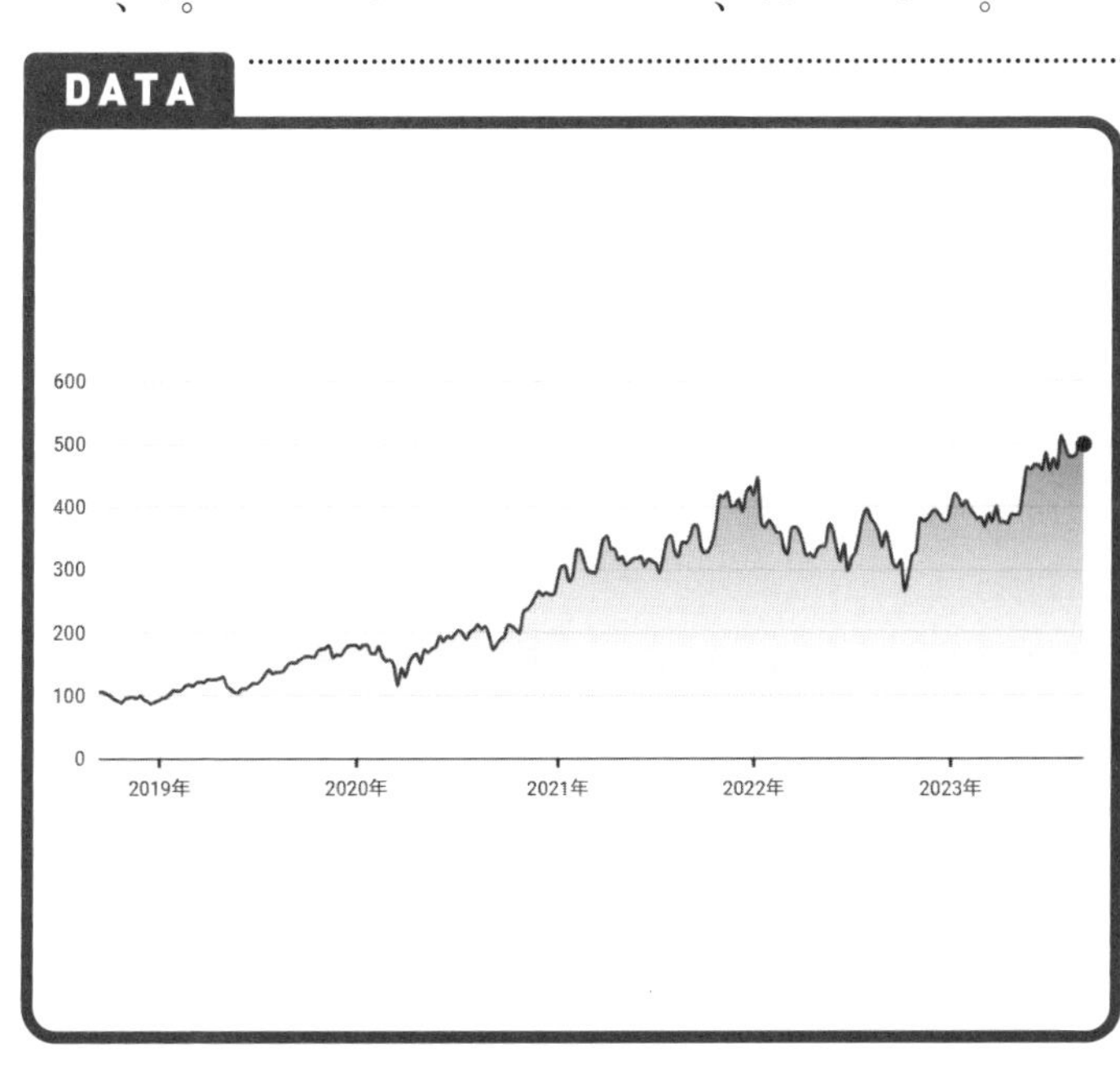

NXPセミコンダクター

ティッカーシンボル

NXPI

セクター

IT・通信

半導体の中でもLPCというマイクロコントローラーを供給する企業である。

マイクロコントローラーとはCPUの機能を備えており、それを1つの集積回路にまとめたもの。一種のCPUとはいえ1Mから200MHz程度のクロック周波数で動作しているため、比較的動作速度が低い。基本的に機器に組み込んだ形での使用を想定しているためで、電力消費量を減らすためにクロック周波数を抑えてあるのだ。

家電や産業用機械に組み込むことで、それらは円滑に稼働しており、今日も自動車、製造、民生、照明、医療、コンピュータ、ID認証など幅広い用途に利用されている。

端的に言えば同社はIoTの架け橋を作った企業と言っても過言ではない。

同社のLPCシリーズのマイクロコントローラーのほとんどは、ARMプロセッサコアのグループで構成される。ARMホールディングスといえば、2016年3兆円超でソフトバンクが買収した企業。ARMはNXPセミコンダクターを始め、多くの半導体メーカーにその設計ライセンスを提供するファブレス企業で、ARMアーキテクチャを採用したプロセッサは携帯機器への組み込みに適した低消費電力が特徴である。

ソフトバンクが3兆円超もの巨額のマネーを投じ、買収したのも納得なのだが、その後ARMはNVI

ＤＩＡからの買収を提示されたが、その額は400億ドル（5兆円超）だった。成立しなかったが、企業価値の高騰ぶりが伺える。

企業価値の高騰はＮＸＰセミコンダクターも同様で、同社は2016年、クアルコムより380億ドルで買収を提示されている。こちらも成立こそしなかったものの、当時の株価で80ドル前後、単純計算で時価総額は300億ドルである。約30％弱のプレミアムがつき、現在の時価総額は500億ドルを考えれば、クアルコムの目に狂いはなかった。今後も企業価値の高騰は既定路線だ。

株価水準は、2021年の戻り高値に位置しているが、当時の売上高や営業利益から4割程伸びていることを考慮すれば、決して現在の水準が高くない。チャートだけで見ると割高に見えるが、時価総額で見ればまだたった500億ドル程度だ。高値掴みを恐れず長期銘柄として保有しておきたい。

DATA

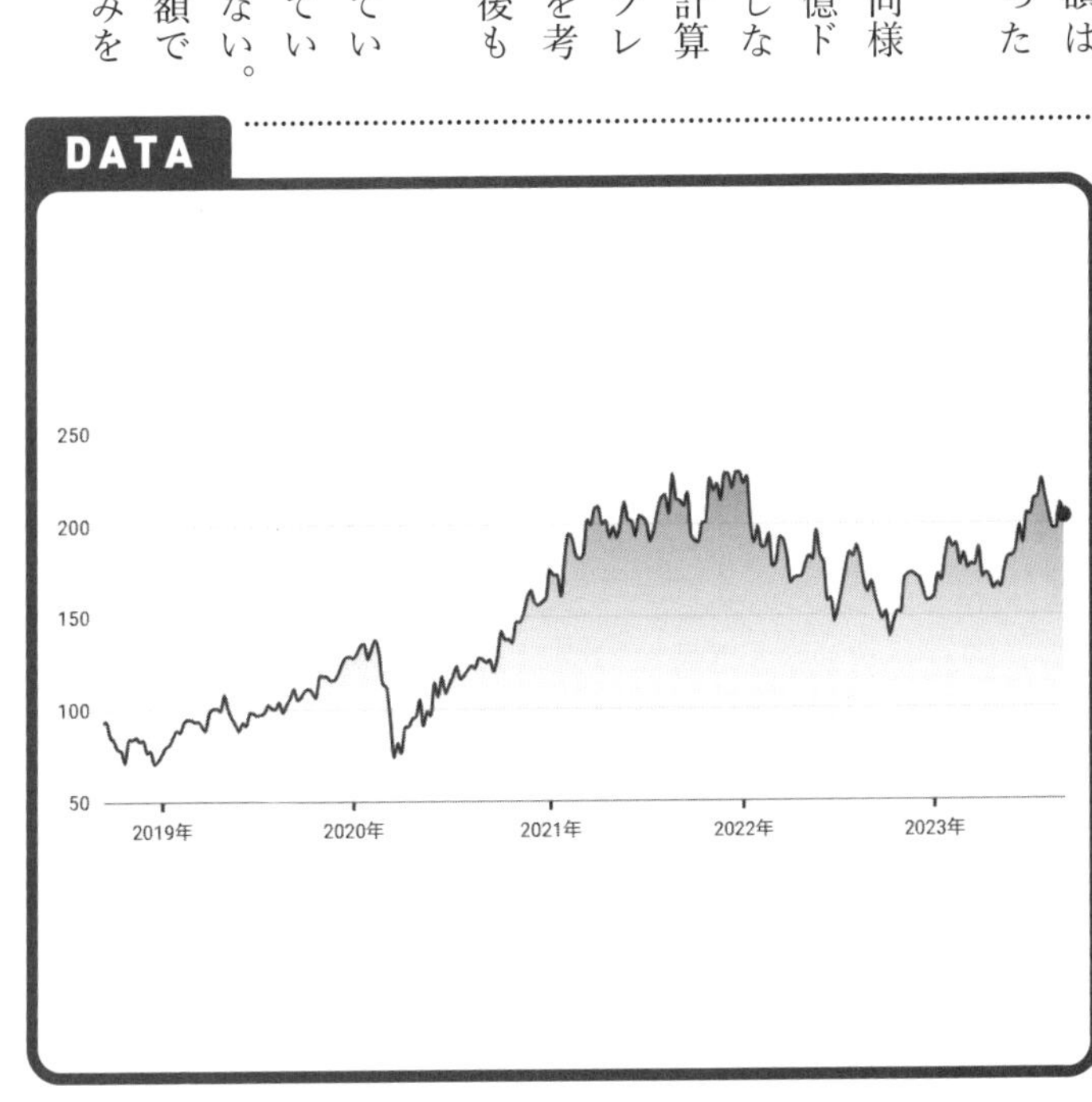

アプライド・マテリアルズ

ティッカーシンボル
AMAT
セクター
IT・通信

世界で24カ国、120カ所以上に拠点を持つ多国籍企業。半導体の製造プロセスではほぼ全てをカバーしている、言わずと知れた世界最大の半導体製造装置メーカーである。半導体製造装置の業界図としては1位から、アプライドマテリアルズ、ASML(オランダ)、東京エレクトロン、ラムリサーチ(米)と続く。5位以下を大きく引き離し、左記のトップ4が君臨している状態だ。

しかし、現在の時価総額では、アプライドマテリアルズの方がASMLに対し、営業利益、純利益共に2割ほど大きいにもかかわらず、業界2位のASMLが時価総額約2400億ドルに対し同社は約1000億ドルと2倍の差が開いている。このカラクリは単純に発行済み株式がアプライドマテリアルズの方が倍以上あるため。EPSではASMLが14ドル前後に対し、アプライドマテリアルズは7ドル前後となる。

このようにEPSベースで言えば、この逆転現象が起こることは納得できる。とはいえ両社の企業価値やその規模を考えると、時価総額が半分以下というのは差がつきすぎではないだろうか。私はASMLが過大評価されているのではなく、アプライドマテリアルズが過小評価されていると考える。

また、中長期的な半導体の需要拡大を見越して、多くの半導体関連株が大きく上昇。相場を牽引したのは前作で推奨したエヌビディアやAMDであった。

つまり、一口に半導体関連株と言っても、〝製造〟よりも〝設計〟が上昇の中心地だったのである。株式というものは、セクターローテーションをしながら巡回、物色されていくものだ。エヌビディアやAMDに一定の過熱感が生じた際には、業績と比較し、評価されていない企業に一時的に資金がシフトしていくだろう。

エヌビディアやAMDは、常に推奨銘柄ではあるのだが、ここではリスクリターンのバランスの観点からアプライドマテリアルズを推したい。

株価は、コロナ禍の金融相場によって100ドル未満から150ドルまで大きく上昇した。しかし、他の銘柄に比べれば上昇率の弱さは否めない。

その後は米経済政策転換により、再度100ドルを割り込んだものの、現在は高値付近まで戻ってきており、ひとたび高値を更新すれば新しいレンジを作り、次のステージへと動き出すだろう。

DATA

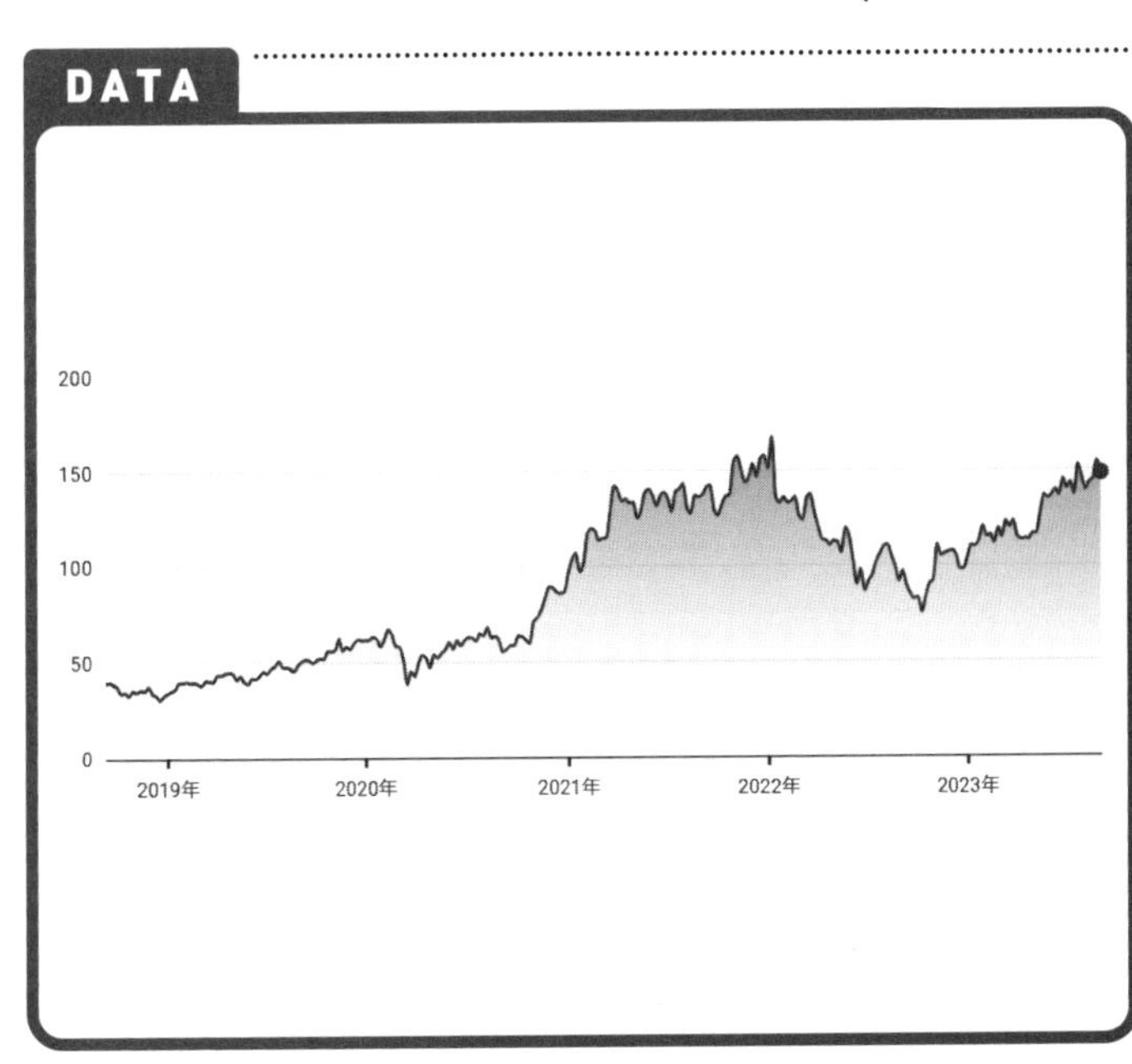

サザン・カンパニー

ティッカーシンボル
SO
セクター
公益事業

アラバマパワー、ジョージアパワー、ミシシッピパワーの電力会社3社を運営し、再生エネルギーを含む発電資産を開発・運営するサザンパワー（電力卸売）、4州で天然ガスを売るサザンカンパニーガスなどを擁する。エンジニアリングサービスのSCS、デジタルワイヤレス通信サービスのサザンリンク、原子力発電のサザンニュークリアなども。

電力会社3社の顧客数は、居住用を中心に計443万7000軒に及ぶ。発電の電源構成は、天然ガス51％、石炭22％、原子力16％、水力3％、風力・太陽光等8％となっている。

原発増設の追加コストがリスクだが、業績基盤は安定しており、配当実績も魅力。配当利回りも4％～5％前後を有し、連続増配22年という実績がある。70年もの間、減配せずに配当を出し続けている公益銘柄だ。そのため、業績も安定している。

割高感もなく、下がったら買うドルコスト平均法を推奨する。

日本人にとって「電力会社」のイメージは悪く、3・11後の「東電株」のパフォーマンスを思い浮かべる方も少なくないかもしれない。同様のリスクを内在するが、かつての日本の電力会社よりも安定性は高いと認識している。

理由は、営業利益率25％と日本の電力会社と比較すると圧倒的に高い点にある。ちなみに東京電力は2％前後、一番経営がいい中部電力で6％前後、関西電力で4％前後であり、それがわかると、多少安心感は持てるだろうか。

それでも、災害などによる株価下落は内在リスクではある。しかし災害は食い止めることはできないが、日米におけるリスク要因は異なる。日本では地震が最大級の災害であり、米国ではハリケーンだ。

地震を予見することはできないが、ハリケーンは発生後の進路方向を予測することは容易である。目先の資産の目減りを抑制したい場合には、ハリケーンの進路に同社の原子力発電所があるかどうかを確認し、重なりそうであれば被害が出るまでにリスクヘッジの売却を行うことも可能であろう。

とはいえ、資産株であるために災害のたびに売買をする必要はない。上値を追わずに相場が総悲観している時に、周りの投資家に目もくれず、ゆっくり買い増していけばよい。これが全ての資産株に一貫して言える正しい投資方法なのだ。

DATA

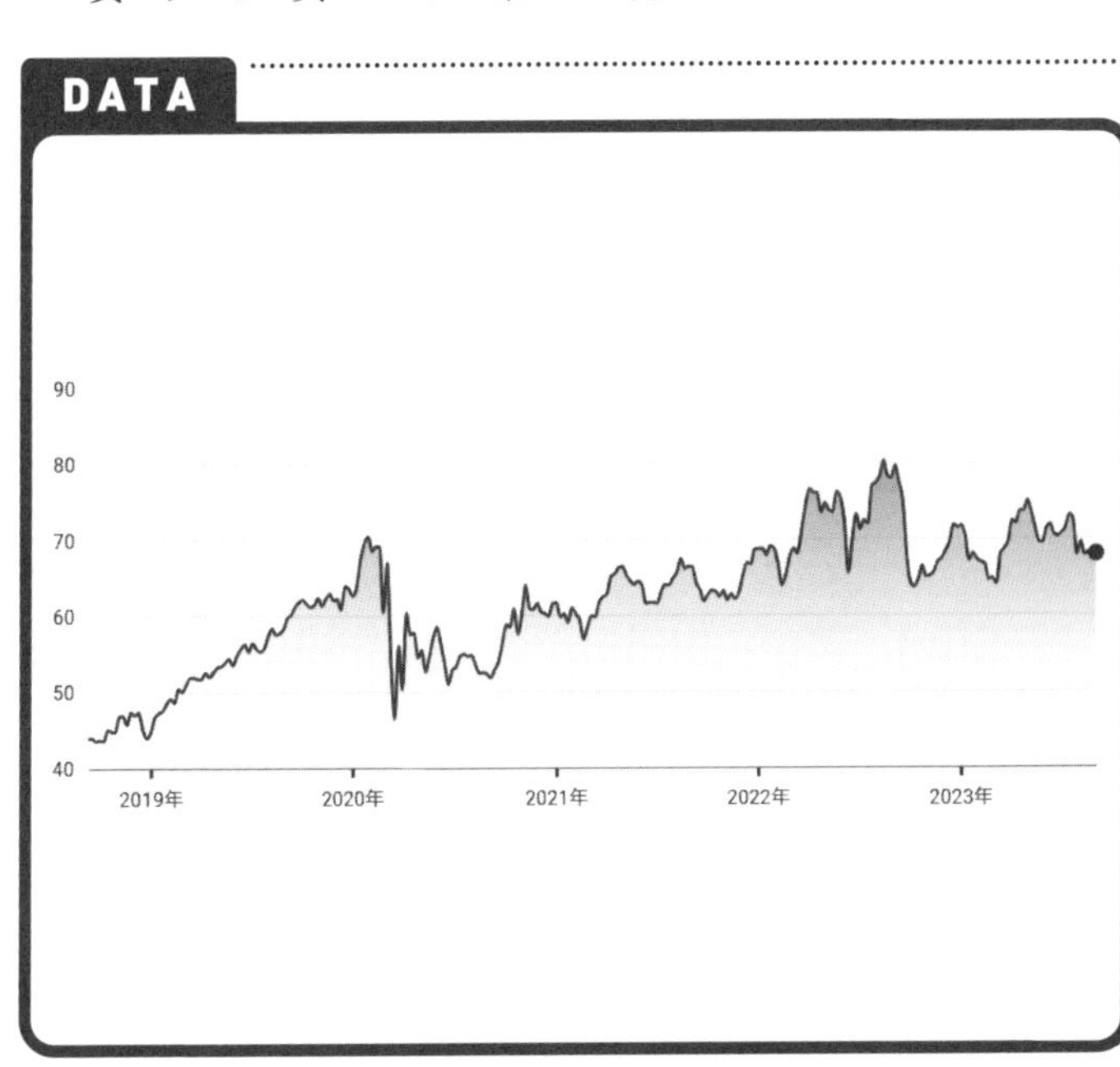

ジェロン

ティッカーシンボル
GERN
セクター
医療関連

いわゆる「不老長寿銘柄」である。

ジェロンは、血液型骨髄性悪性腫瘍の治療薬である「イメテルスタット」の開発及び商業化に重点を置く後期臨床バイオ医薬品会社だ。がん領域における治療薬の開発を行う単一セグメントとして事業を展開する。

がん細胞の「テロメラーゼ依存性」を利用する薬剤候補の試験に加えて、ジェロンは正常細胞で酵素を活性化して細胞老化を遅らせる応用の可能性を研究している。

がん細胞の最大の特徴の一つは、何度でも細胞分裂を続けることができる「細胞不死化能」だ。テロメラーゼは細胞不死化酵素として発見された。

テロメラーゼとは、テロメアを伸長する酵素である。テロメアとは、染色体の末端に存在する特別な酵素。細胞が分裂する時、それぞれの細胞が持つDNAは複製される。2本の鎖がほどけ、DNA合成酵素によってDNAが作られ、新しい細胞に分配されるのだ。

ところが、この時、DNAの末端部分は、複製されない。ということは細胞分裂のたびに、DNAは短くなっていってしまうということだ。DNAの複製をするたびに短くなる、このテロメアは、短くなることで、生命に必要な遺伝情報に影響を与えないようになっている。テロメアが短くなり、その構造がなくなってしまった時こそが、DNA複製の限界であり、細胞分裂の限界ということができる。テロメアが失われてしまった細胞は回復せず、それ以上細胞分裂しない「細胞老化」と呼ばれる状態になる。

要約すればジェロン社のイメルスタットは細胞の老化を遅らせることができる「不老不死薬」として注目されたわけだ。

今後さらに、研究が進んでいき実用化に近づくようになれば、とてつもないアップサイドが実現されるだろう。加えて、まだ株式市場としては将来への期待段階であるため「実用化に近づくだけ」で良いのはポジティブ要素だ。

ユニティバイオテクノロジーと重複してしまうが、同社の株価も、現在は3ドル足らずで、業績の裏付けが全くない。しかし、事業が進捗していった際の市場規模を考えたら成長余力は無限大である。リスク・リターンともに大きい投資先であると認識いただいた上で、投資の判断を慎重に検討してほしい。

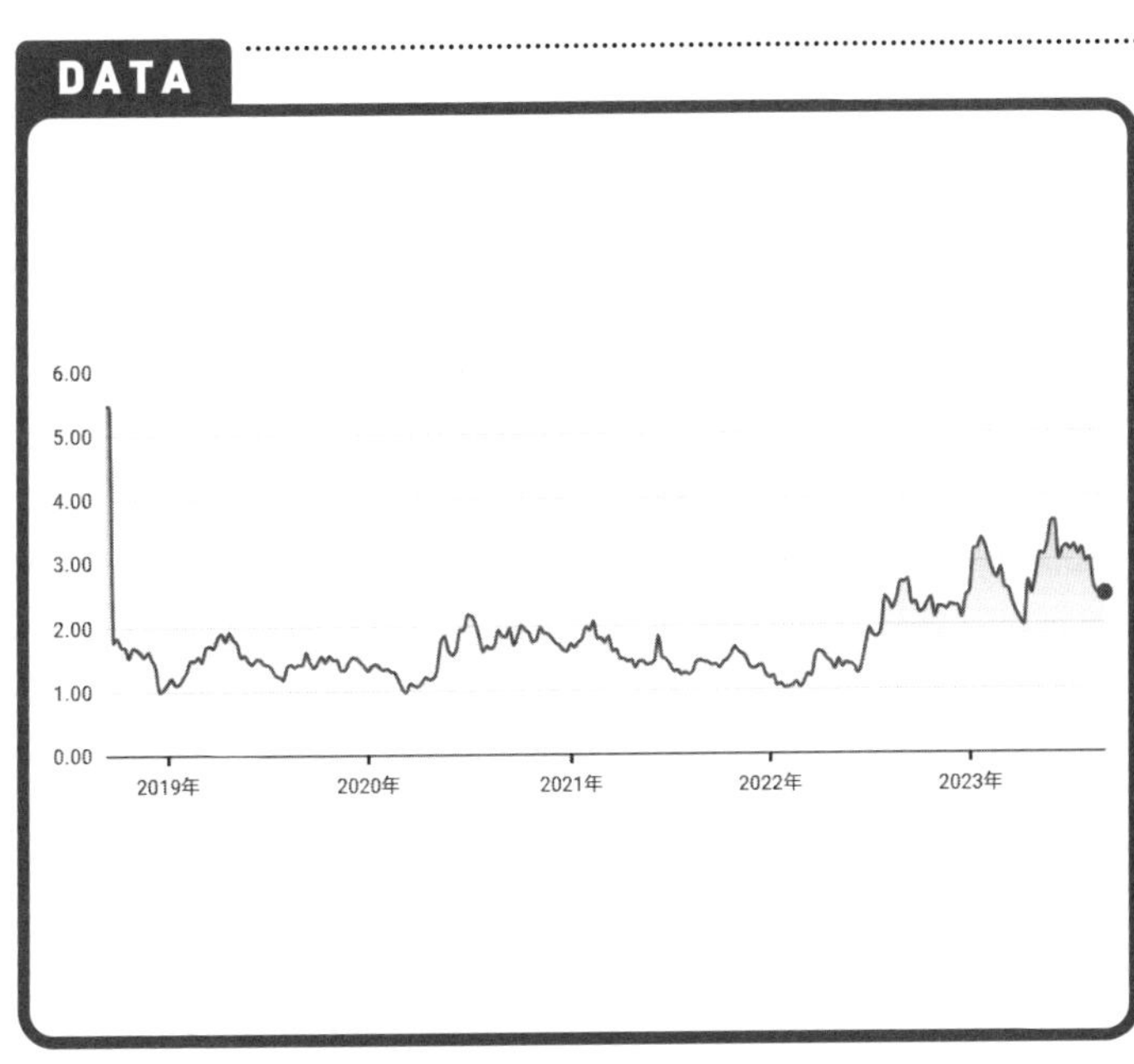

ヌー・ホールディングス

ティッカーシンボル
NU
セクター
工業

2021年、南米でデジタルバンクを展開するヌーバンクを傘下に持つヌー・ホールディングスがニューヨーク証券取引所に新規上場した。

ヌー・ホールディングスは、ブラジルで年会費無料のクレジットカードを提供することからスタートし、その後、さまざまな銀行商品や金融サービスに事業を拡大してきた企業だ。同社の洗練されたフィンテックのインターフェースは、国内の既存銀行のものと比べて顧客にとって非常に使いやすく、アクセスしやすい。設立以来、顧客数は7000万人を上回り、現在、ブラジルの成人人口の39%に銀行サービスを提供していることがその証左だ。さらに、メキシコとコロンビアでも事業を展開している。

ブラジルでは15歳以上の国民のうち30%は銀行口座を持たないと言われている。ちなみに、コロンビアは55%、メキシコでは65%に達するそうだ。3カ国合計で1億3400万人が銀行口座を持たないということになる。実に日本の総人口とほぼ同じ。経済水準が異なるとはいえ、新たな経済圏の創造ともいえるだろう。

目の付け所はよかったが、上場したタイミングはいささか悪かった。

上場したのは2021年12月。年が明けると、アメリカは異次元のインフレへの対応のために、緩和から引き締めへと政策を大転換した。さらにロシアウクライナ問題により世界的に地政学リスクが高まった。結果、その後も尾を引いたインフレはアメリカの一部の銀行を破綻に追いやるほどだった。このショックを考えれば、同社への影響も少なくはなかった。10ドル弱で上場した株価は5ドル前後で停滞した。決算はコンセンサスを2桁上回る内容だったとしても株価は下落してしまったのである。

しかし、順調にユーザーと売上高を伸ばし、2023年は8ドルまで回復した。

さらに、同社には上場時から出資している強力な株主が存在する。それはウォーレン・バフェット率いるバークシャ・ハサウェイとキャシー・ウッド率いるアークインベストメントだ。高名な投資家も、同社のビジネスモデルやその潜在能力に注目しているとも読める。これに乗らない手はない。株価水準、マクロ環境も加味すると、素直におとなしく長い物に巻かれるべき銘柄ではないだろうか。

DATA

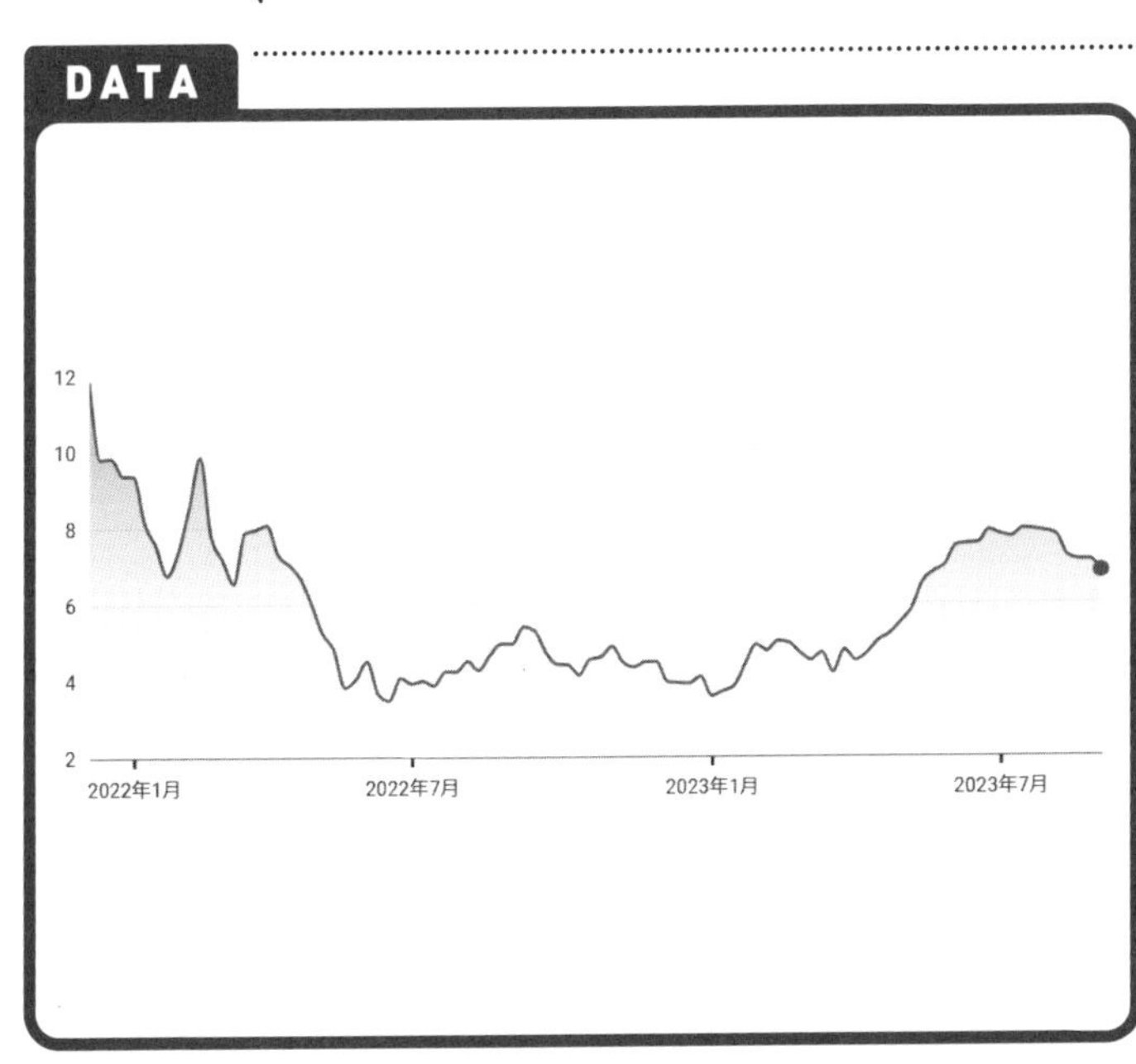

マリオット・インターナショナル

ティッカーシンボル

MAR

セクター

サービス

米国の大手ホテルチェーン企業だ。世界各地で「マリオット」「ザ・リッツ・カールトン」「ルネッサンス」「コートヤード」「スプリング・ヒル」「レジデンス・イン」などのブランド名でホテルと賃貸マンションを開発、運営している。

日本にも複数個所で展開しているが、宿泊者のほとんどが富裕層や海外のＶＩＰ等である。なかなか宿泊する機会は多いとは言い切れないだろう。

永井孝尚氏の『１００円のコーラを１０００円で売る方法』（ＫＡＤＯＫＡＷＡ）にはリッツ・カールトンを訪れた人々が１０００円のコーラを喜んで購入する、その意図や背景等が記されている。同社は消費者に対し、付加価値を提供して、ブランドを確立する戦略が業界において絶対的地位を築くことに成功した。顧客満足度を徹底して向上させることが、同社の業績を支える。富裕層や海外のＶＩＰはホテルが提供する付加価値やその安心感は、その後何度もリピートするのだ。

さすがに、コロナ禍で宿泊者も劇的に減少し、業績も落ち込んだ。しかしワクチンの普及に伴い、脱コロナ禍に向かい始めると、業績と共に株価は再び反転。株価は既に高値を更新している。

業界において圧倒的な支持を集める同社にかかれば、コロナさえ収束してしまえばあとは時間の問題だった。今後も株価は、右肩上がりの上昇傾向が続くと考える。コロナのようなパンデミックや紛争・

天災等の地政学的なリスクはあるが、長い目で見ればそこはむしろ最高の買い場と見るべきであろう。

同社の保有をお勧めする層としては、長期資産株を求めている方々だ。もちろん、ハイテク株と比較すれば、ボラティリティは劣後する。しかし、代表的な資産株と言われるP&GやJ&Jなどと比較すると、同じく右肩上がりのチャートを形成しながらも、変動幅が大きい。それは魅力的で、その変動幅はさらに拡大していくと予測する。

この原因は、コロナ禍という未曽有の天災が格差を、一段拡張させたからだ。このトレンドは今後もさらに継続され、同社の大きな追い風となる。富裕層は値段ではなく、サービスの質、ブランド力にお金を使う。圧倒的なブランド力を持つ同社の成長は揺るがないどころか、先述したマクロ環境がさらに売り上げを増加させ、株価の上昇率も高まっていくことだろう。

DATA

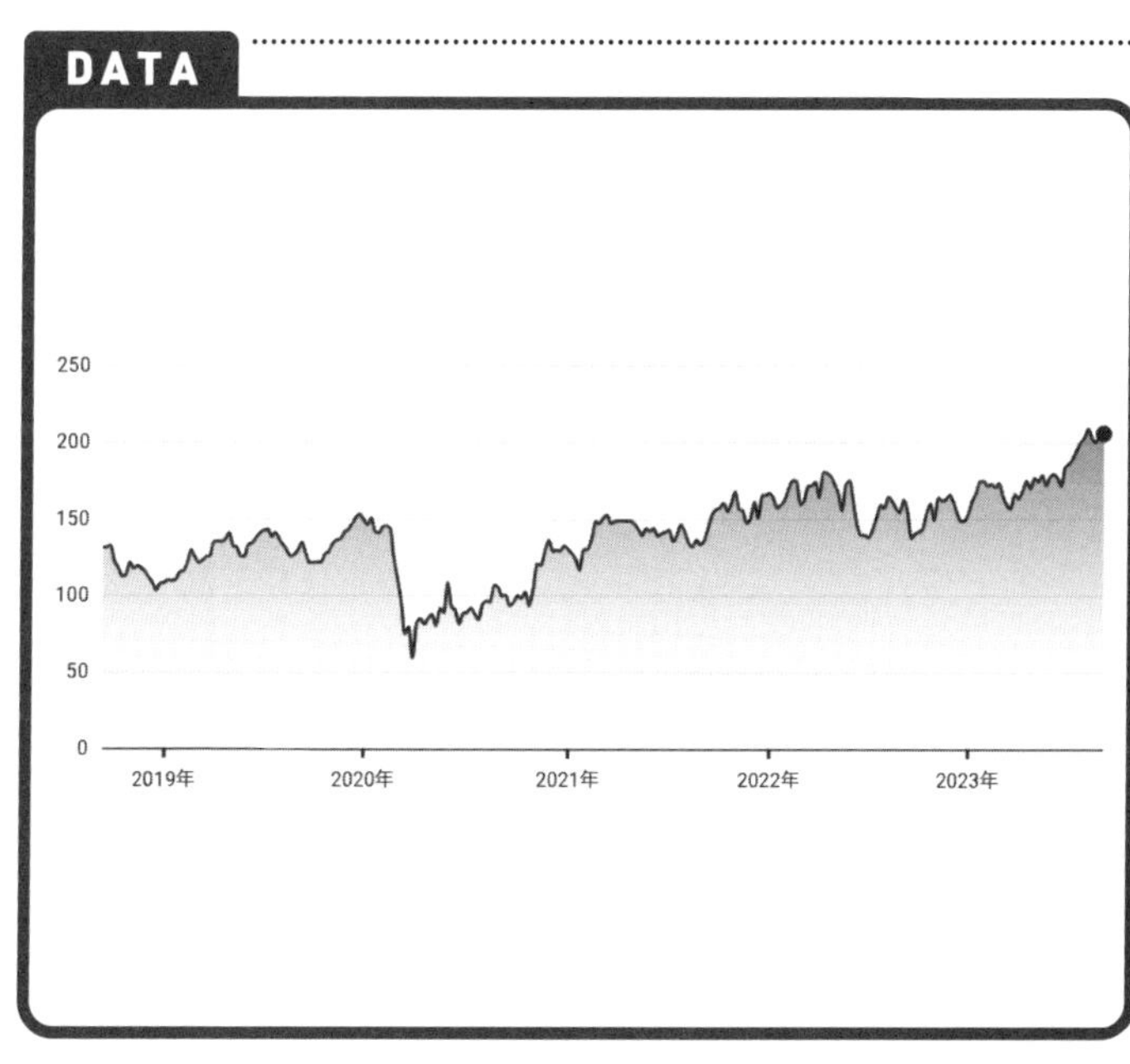

ユニティ・バイオテクノロジー

ティッカーシンボル
UBX
セクター
医療関連

ユニティ・バイオテクノロジーは米国のバイオ医薬品企業であり、ヒトの健康状態を拡張するための治療法の研究開発に従事する。同社は、加齢に伴う疾病の進行を遅らせる、止める、または回復させるための治療薬の研究開発に取り組む臨床段階のバイオ医薬品会社だ。老化細胞を標的とし、糖尿病黄斑浮腫および加齢黄斑変性症などの眼疾患を対象とした治療薬の開発を進める。

自動運転、宇宙探索、VR等、数十年前まではSF映画の世界の「フィクション」だった技術が、現実のものになっている。そしてテクノロジーはついに最も困難で、人類の永遠のテーマである「不老不死」へ挑戦していくフェーズに到達したのだ。

アンチエイジングという言葉はだいぶ社会に浸透したが、同社が取り組むのはリバースエイジング。つまり不老、若返りを細胞レベルで実現することだ。現在、富裕層の間で関心が増しているのは圧倒的に後者である。まだマウスでの実験段階ではあるものの、生存期間を35%延ばすことに成功したとのことで、同社は注目を集めている。

これが人間にも行えることになれば富裕層は飛びつく。巨万の富を得ている層がいくらお金を積んでも得ることができないのが、寿命だからだ。本当に実現されるようになれば、富裕層が巨額な資金で同社のサービスを求めるため、利益率はとてつもないことになるだろう。つまり、実現さえできれば必ず利益はついてくる。

　マウスの検証結果が、即「ヒト」に対して応用できるはずもない。そもそも、本当に実現するのかさえ懐疑的な意見は強い。しかし、先述したように、SF映画の「フィクション」だった技術が実用化しているのだ。その可能性を否定することはできない。

　同社はそんな非常に夢のある、そして関心の高い研究をしている。とはいえ「不老不死」をテーマにしたバイオテクノロジーセクターには、業績の裏付けが全くない。株価は将来への期待のみが材料になる。大きな夢のあるリターンも期待できる一方で、非常に大きなリスクが伴うということだ。リスクを許容できる範囲で持つことを忘れずに。

　現在の株価はたったの3ドル弱。一時期は190ドルだったことや、先述したような事業成長シナリオを考えれば、大きなリスクも内在するが非常に興味深い投資先だ。

DATA

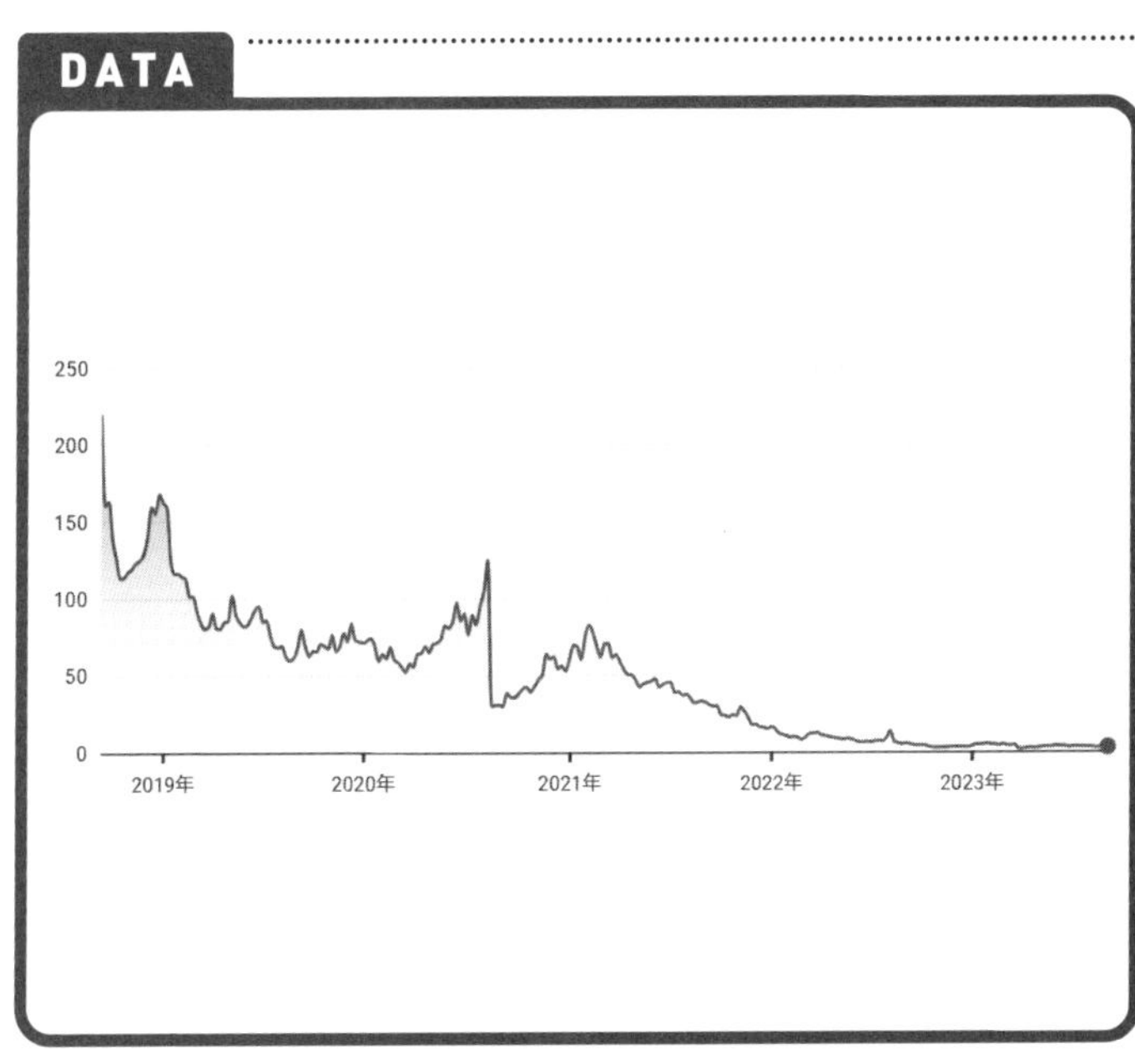

リビアン・オートモーティブ

ティッカーシンボル

RIVN

セクター

サービス

リビアンオートモーティブは、主に電動ピックアップトラックR1Tと電動SUV R1Sの開発・製造をしているEVメーカーだ。IPO時、このセクターにおいては、テスラに次ぐ世界2位の企業であった。EVだけでなく自動車メーカー全体においてもテスラ、トヨタに次ぐ世界3位に浮上したこともあった。当時、ウォール街では多くの市場関係者が将来の強い上昇を信じて疑わなかった。

そもそも、ピックアップトラックは、燃料価格が高価であるため、1台あたりの輸送効率が重視される日本やヨーロッパ、雨や雪が多い地域での需要は少ない。一方、北米をはじめ、タイを中心とした東南アジア、アフリカ、南米、中東、オセアニアなどでは個人・商用問わず高い需要がある。アメリカでは税制優遇もされており、自動車販売台数の上位をピックアップトラックが占めている。

2019年、同社がアマゾンとフォードから資金を調達して開発体制を強化した時、他の自動車メーカーはまだそれぞれの人気ピックアップトラックモデルの電動化計画を発表していなかった。彼らはガリバーであり、そのブルーオーシャン戦略に将来性を見出した投資家が多かった。

しかし、恐れていた逆風が吹いた。EV業界の参入障壁は低い。自動車メーカー各社のみならず、多くの他業種企業がその開発に乗り出したことで、同社のアドバンテージは一瞬で消え去ったのである。

結果、株価はＩＰＯ時から見ると85％超下落した。２０２３年９月現在株価は現在20ドル前後で落ち着き始めている。そろそろ機は熟す頃ではなかろうか。

同社の最大の強みは上場時から後押ししてくれるアマゾンという頼もしいパートナーだ。現実的にＥコマース市場との関連性もあり、ラストマイル配送でピックアップトラックが利用されるケースが増えているのだ。今後のアマゾンとの連携強化は継続されるだろう。

車両増産はグロスマージンを手に入れるため大きな課題となるため、後ろ盾にアマゾンは心強い。２０２３年８月の決算では赤字も縮小し、予想には届かなかったが、昨年の２万５０００台から倍の５万台を達成。供給がひっ迫している現状で、もともとメンテナンス等のフォローは消費者からの評価が高いため、増産さえ叶えば株価の反転が見えてくる夢のあるグロース企業の１つだ。

DATA

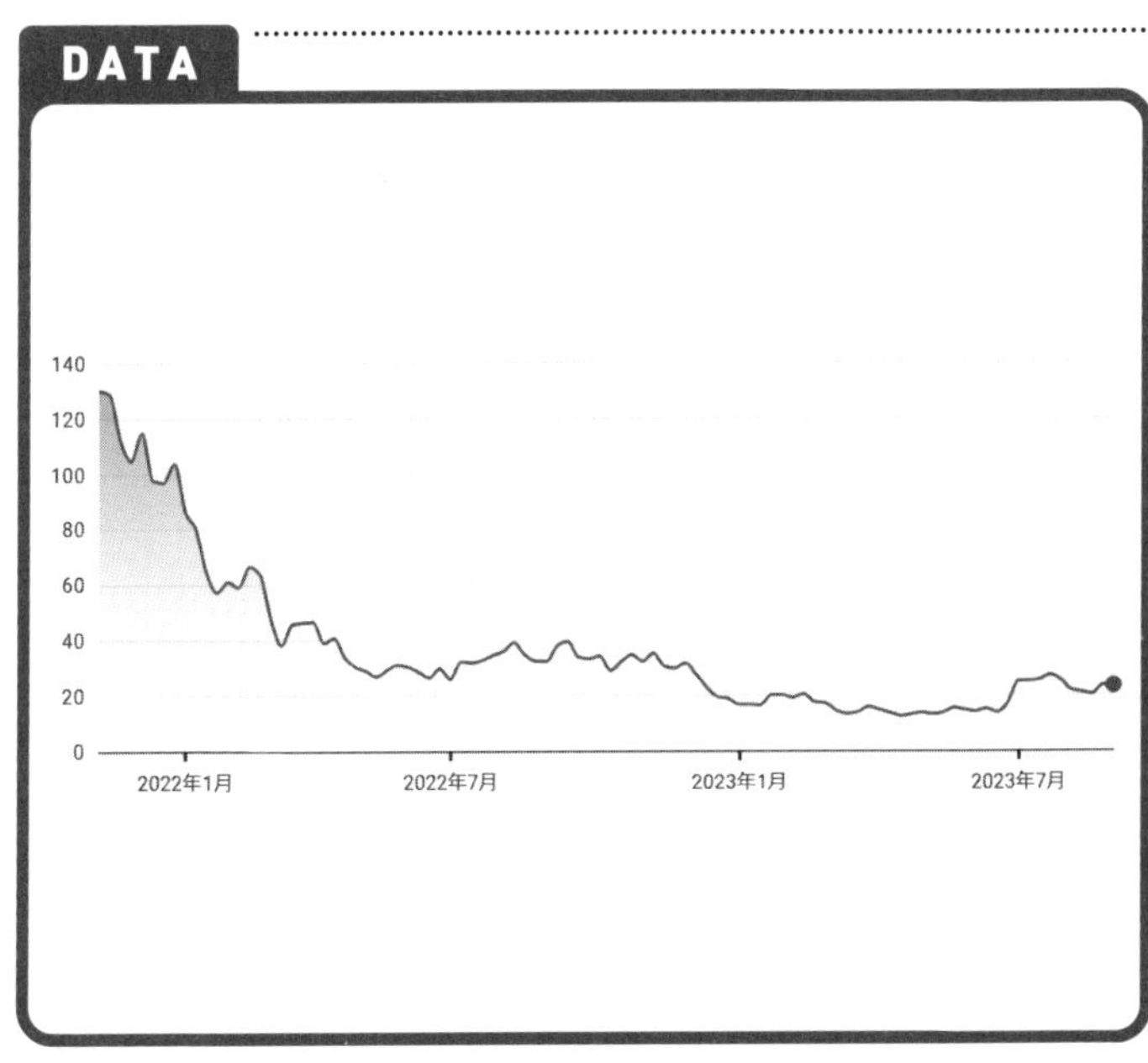

2023年からの積み立て向けポートフォリオ

81ページではS&P500についてご説明した。そのS&P500の次に人気なのが全世界株式（オール・カントリー）である。

多くの方がこの2つに投資をしているのではないだろうか。

これは、分散投資という観点から1つの国、銘柄だけでなくさまざまなところへ資産を振り分けようとの考えから、全世界株式（オール・カントリー）を選択しているのだろう。米国のみのポートフォリオではなく、それぞれの国に分散するという考えは正しい。しかし、皆様は同ファンドの中身をご存知であろうか。ここでも中身をしっかりと理解しているかどうかで、将来のリターンを大きく左右することだろう。

次ページ図「S&P500　組入上位10ヵ国・地域　上位10業種」をご覧いただきたい。組み入れ上位10カ国と組み入れ上位業種であるが、中身をひもといていくと「全世界株式」と言いながら、約60%が米国株式だ。次点の日本が5%であることからも、その依存度は極めて高

S&P500　組入上位10ヵ国・地域　上位10業種

1	アメリカ	59.70%
2	日本	5.50%
3	イギリス	3.50%
4	フランス	2.90%
5	カナダ	2.70%
6	スイス	2.40%
7	ドイツ	2.00%
8	ケイマン諸島	1.80%
9	オーストラリア	1.70%
10	台湾	1.50%

1	情報技術	21.10%
2	金融	15.00%
3	ヘルスケア	11.20%
4	一般消費財・サービス	10.90%
5	資本財・サービス	10.10%
6	コミュニケーション・サービス	7.20%
7	生活必需品	6.90%
8	エネルギー	4.50%
9	素材	4.40%
10	公益事業	2.60%

い。一方で組み入れ上位業種については、比較的分散投資が図れている。とはいえ情報通信が約21％とテック企業に依存している。これをさらに組み入れ上位10銘柄で確認するとわかりやすい。1位アップル（4・5％）からマイクロソフト（3・8％）、アマゾン（1・8％）、エヌビディア（1・6％）、アルファベットA（1・2％）、アルファベットC（1・1％）、メタ・プラットフォーム（0・9％）、テスラ（0・9％）、台湾セミコンダクター（0・7％）、ユナイテッドヘルス（0・7％）と続く。

すなわち20％弱がGAFAM＋αが実態なのだ。

多くの投資家がS&P500で米国を、全世界株式（オール・カントリー）で世界全般へ投資をとの考えから行っている銘柄選定も、蓋を開ければ、そのほとんどが米国株である。しかも同じ銘柄が占めているのだ。これでは分散投資とは名ばかりで米国・メガテックへ一極集中のポートフォリオだ。

これは多くの初心者が気づかぬ落とし穴ではないだろうか。

83ページからのコラムでは、米国株の中でもS&P中型株400、小型株600への分散投資をお勧めしたが、国別の分散投資という点でも全世界株式（オール・カントリー）ではなく、別の選択肢を採用する必要がある。

2025年に向けた黄金のポートフォリオ

私がお勧めする保有方法はファンドの中身で分散投資するのではなく、日経平均のように各国100%の商品を複数持つという方法だ。代表的であるが、買い付けするものはインドならiFree NEXTインドインデックス、ベトナムならベトナム成長株インカムファンド、日本ならばeMAXIS Slim国内株式でいい。これを自身のリスクリターン、保有期間に応じて自ら金額を振り分けて保有することが大切であり、それが最も適切な分散型積み立てである。

とはいえ、どれをどれくらいの比率で保有すべきかわからない方が多くいらっしゃることだろう。あくまで1つの例であるが、私なら次ページの「黄金のポートフォリオ」のように構築する。

経済の中心が米国でなくならない限り、米国株が中心となることは揺るがない。必然として、ポートフォリオの中心となるわけであるが、積み立ては長期投資であることから、既に大きくなった企業が採用されているS&P500ではなく、これからの企業への比率を高めている。S&P中型株400が20%に対して、S&P小型株600を25%にしている理由がそれだ。

加えて、証券としては第2位のマーケットである日本も外すことはできない。2023年は日本株が大きく上昇したが、世界各国と対比すればまだまだ割安だからである。すぐにこの割安さが解消されることはないが、時間がゆっくりとその差を埋めることとであろう。

最後に、インドとベトナムを組み入れているが、日米以外の国を厳選すればこの2カ国となる。両国とも規模は違っても高い成長率が見込めるからだ。日米が土台となる安定的なリターンを生み出し、今後の成長期待国が上積みをもたらす。そんなリスクリターンのバランスのよいポートフォリオではないだろうか。参考にしていただければ幸いである。

黄金のポートフォリオ

S & P500	15%
S & P 中型株400	20%
S & P 小型株600	25%
eMAXIS Slim 国内株式	10%
iFree NEXT インドインデックス	20%
ベトナム成長株インカムファンド	10%

あとがき

猫組長こと菅原潮

バブル崩壊時に作った借金で地下社会に落ちた私が、はじめて親分に会った時、親分はこう尋ねてきた。

「よくも知らん会社の株買うのぉ。君はそこの社長と会うたことあるんか?」

私が首を横に振ると親分は、こう言った。

「素人さんは怖いもの知らないのぉ。わしはそこの社長と話してからやないと、株買わんぞ」

向こうと話し合った上で、直接株を引き受ける出来レースだ。インサイダーでなければ株なんて儲かるはずがないということである。

当時の私は4人からなる投資顧問会社で、最大120~130億円を運用していたが、「地下経済人」からすれば「素人さん」ということだったようだ。

ネット証券の急速な普及と、ＮＩＳＡの推奨、さらにコロナ・バブルなどが合わさって、文字通り「素人さん」が急増した。本書内で中沢氏も指摘しているように「レバナス」という、およそ「投資」とは呼べないものに飛びついたのである。

まさに「素人さんは怖いものを知らない」ということだ。

株取引で確実に勝つためには「独自情報」、「資金量」が絶対に必要である。富裕層だけが株で資産を増やし続けるのはこのためだ。

ところが「素人さん」はこれを持ち得ない。そうした人たちでも資産を増やすことができるように銘柄を厳選したのが本書だ。

中沢氏との前著で紹介した銘柄の騰落率は「はじめに」で記載した通り、信じて買った人には大きなリターンがあったはずだ。

アメリカの利上げによって金融相場から、業績相場へと急展開している。そうした中で「債券」など「確実に勝てる」金融商品のメリットも紹介している。

「面白みがない」と思う人もいると思うが、刺激を求める人は競馬やパチンコをやればよい。

「確実に儲かる」という手段を使える人は、すでに「脱・素人さん」だ。是非、本書を読んで豊かな生活を手に入れて欲しい。

2023年9月

PROFILE

猫組長（菅原潮）

ねこくみちょう（すがわらうしお）

1964年生まれ。兵庫県神戸市出身。元山口組系組長。評論家。本名、菅原潮。大学中退後、不動産会社に入社し、その後、投資顧問会社へ移籍。バブルの波に乗って順調に稼ぐも、バブル崩壊で大きな借金を抱える。このとき、債権者の１人であった山口組系組長を頼ったことでヤクザ人生が始まり、インサイダー取引などを経験。石油取引を通じて国際金融の知識とスキルを得る。現在は引退して評論、執筆活動などを行う。『アンダー・プロトコル：政財暴一体で600億円稼いだ男の錬金哲学』（徳間書店）、『カルト化するマネーの新世界』『ダークサイド投資術』（以上、講談社＋α新書）、『金融ダークサイド』（講談社）、『元経済ヤクザ×エコノミストが読み解く「安倍以後」の日本』（渡邉哲也氏との共著、徳間書店）、『正義なき世界を動かす シン地政学』（ビジネス社）など著書多数。

最新情報はこちら！
Twitter @nekokumicho
note https://note.com/nekokumicho

猫組長POST
https://nekopost.theletter.jp/

猫組長TIMES
https://neko.theletter.jp/

NEKO ADVISORIES
https://nekoadvisories.com/stock/lp

中沢隆太

なかざわりゅうた

NEKO ADVISORIES専属アナリスト。SMBC日興証券ではリテール部門にて同期600人の中で全国トップの営業成績。４年間の勤務を経てIFAとして独立しNEKO ADVISORIESに参画。『日刊SPA!』、『Business Journal』にて株式投資に関する寄稿などを行う。デビュー作である前著『猫組長の投資顧問グループが明かす 2024年まで勝てる株式投資術』（徳間書店）で脅威の的中率が実証された。

book design

HOLON

猫組長の投資顧問グループが明かす

2025年まで爆騰
日本&アメリカ推奨銘柄30

第1刷　2023年9月30日

著者
猫組長(菅原潮)　中沢隆太

発行者
小宮英行

発行所
株式会社徳間書店
〒141-8202 東京都品川区上大崎3-1-1 目黒セントラルスクエア
電話　編集(03)5403-4344 ／ 販売(049)293-5521
振替　00140-0-44392

印刷・製本
大日本印刷株式会社

ISBN 978-4-19-865697-3

NEKOKUMICHO

+

RYUTA NAKAZAWA